성공을 향한
힘찬 발걸음을 내딛는
당신께 드립니다.

AIA생명
President & CEO

차태진

차태진,
챔피언의 법칙

차태진, 챔피언의 법칙

지은이 | 차태진

1판 1쇄 발행 | 2008년 7월 14일
1판 7쇄 발행 | 2018년 1월 15일

펴낸곳 | (주)지식노마드
펴낸이 | 김중현

기획·편집 | 김중현
디자인 | 여상우 · 이연숙
인쇄·제본 | (주)상지사 P&B

등록번호 | 제313-2007-000148호
등록일자 | 2007.7.10

(04032) 서울특별시 마포구 양화로 133, 1201호(서교동, 서교타워)
전화 | 02) 323-1410
팩스 | 02) 6499-1411
홈페이지 | knomad.co.kr
이메일 | knomad@knomad.co.kr

값 12,000원
ISBN 978-89-93322-00-2 13320

Copyright ⓒ 차태진, 2008
이 책은 저작권법에 따라 보호받는 저작물이므로 무단전재와 무단복사를 금지하며
이 책 내용의 전부 또는 일부를 이용하려면 반드시 저작권자와 (주)지식노마드의
서면동의를 받아야 합니다.

* 잘못 만들어진 책은 구입하신 서점에서 교환해 드립니다.

차태진, 짐꾼에서 champion

차태진 지음

극단에 서고 싶다

Boris Pasternak

모든 일에서
극단에까지 가고 싶다.
일에서나, 길을 찾거나,
마음의 혼란에서나.

살같이 지나가는 나날의 핵심에까지
그것들의 원인과
근원과 뿌리,
본질에까지.

운명과 우연의 끈을 항상 잡고서
살고, 생각하고, 느끼고, 사랑하고,
발견하고 싶다.

아, 만약 조금이라도
내게 그것이 가능하다면
나는 여덟 줄의 시를 쓰겠네.
정열의 본질에 대해서.

오만과 원죄에 대해서.
도주나 박해,
사업상의 우연과
척골 尺骨과 손에 대해서도.

그것들의 법칙을 나는 찾아내겠네.
그 본질과
이니셜을
나는 다시금 반복하겠네.

미래의 챔피언,
사랑하는 주현이와 승준에게

Contents

저자서문
프롤로그 　베이스캠프 없이 에베레스트를 정복할 수 없다　　13

Part 1　챔피언의 유전자
　　Strategy 1　핏빛보다 선명한 목표를 세워라　　25
　　Strategy 2　톱 세일즈맨이 갖춰야 할 세 가지 요소　　71
　　Strategy 3　잘 사는 사람이 잘 판다　　101

Part 2　챔피언의 전략
　　Strategy 4　소개영업의 비밀　　123
　　Strategy 5　톱 세일즈맨들의 공통자산, KASH　　155
　　Strategy 6　불멸의 세일즈 진리, 깔때기 이론　　177

Part 3　챔피언의 행동
　　Strategy 7　최대실적을 자랑하는 일곱 가지 요소　　191
　　Strategy 8　세일즈 효율을 극대화하는 방법　　213
　　Strategy 9　효용가치를 최대로 끌어올려라　　225

에필로그　내가 꿈꾸는 미래　　239

저자서문

사랑하면 알게되고
알게 되면 보이나니
그때 보이는 것은
예전과 같지 않으리라

-유한준 兪漢雋-

소년은 몸이 좋지 않았습니다

부모님을 따라서 서울로 전학 온 소년은 아버지의 손에 이끌려 신문배달을 시작했습니다. 건강에 도움이 될 것이라는 아버지의 권유보다는 매달 적지 않은 용돈이 생긴다는 현실적인 기대감에서 말입니다. 새벽 네 시에 일어나는 고통보다 더 무서운 것은 아침 해가 뜨기 전 채 가시지 않은 어둠 속에서 혹시 나올지도 모를 귀신이었습니다. 영하 20도의 혹한보다도 더 가혹했던 것은 신문을 구독하는 독자들의 "그만 넣어라."는 거절이었습니다. 매일 새벽, 땀 흘리는 것이 자기도 모르게 기분 좋아질 무렵 소년의 눈엔 신문기사가 들어오기 시작했습니다. 친구들보다 세상에 대해 더 많은 것을 알게 된 소년은 신이 났습니다. 힘든 신문배달이라는 일을 사랑하게 되었습니다. 신문배달을 하는 다른 소년들이나 형들보다 늦지 않고 쉬지 않고 열심히 일했더니 동네 어른들에게 칭찬을 듣기 시작했습니다. 소년의 순수한 열정에 감탄한 분들이 이웃집에 구독을 권유해 주기 시작했습니다. 신문배달이라는 일이 전과 달리 재미있어졌습니다. 신문배달을 통해서 세상을 배우게 되었습니다. 소년은 그렇게 3년 간 매일 새벽을 열었습니다.

청년은 정말 열심히 공부했습니다

공부를 많이 시키기로 유명한 서강대 경영학과를 졸업하기 전까지 청년은 놀더라도 도서관 주변을 서성였습니다. 쉬운 학점의 과목보다는 졸업을 하고 사회에 나와 당장 적용 가능한 사례 중심의 과목을 수강하면서 세상과 겨룰 준비를 하였습니다. 졸업식에서 최우등으로 졸업하는 영예를 안았지만 청년을 맞아 들일 국내 대기업은 없었습니다. 불모지와도 다름없었던 경영 컨설팅 회사 중에서 세계적으로 가장 규모가 큰 액센츄어 Accenture에서 첫 사회생활을 시작했습니다. 2년을 더 고생한 후 전략 컨설팅의 명가인 베인 앤 컴퍼니 Bain & Company로 스카우트 되었습니다. 주당 90시간 이상의 노동

강도를 유지한다는 것은 피 끓는 청년에게 엄청난 고통이었습니다. 하룻밤에 200권의 컨설팅 리포트를 제본하기도 하여 사내에서 일명 카피맨으로 불리기도 했습니다. 매일 고객 기업의 임원들을 감동시키기 위한 전략 메시지를 창의적으로 만들어 내야 하는 심리적압박감에 시달리기도 했습니다. 몇 년을 이렇게 일하다 보니 어느 덧 경영 컨설팅이라는 일을 여자친구보다 더 사랑하게 되었습니다. 좋아하는 일을 하다 보니 까칠한 선배의 질타도 고객기업의 엄청난 요구사항도 이해하게 되었습니다. 전략 컨설팅이라는 프레임으로 세상을 바라보며 '문제 해결자'로서의 대리 만족을 느끼게 되었습니다. 그렇게 5년의 시간을 보냈습니다. 또래의 친구들에 비하면 10년 이상의 상대적 경험을 갖게 되었습니다.

청년은 처음엔 무참히 깨졌습니다

새로운 분야에서의 도전을 성취하기 위해 보험업계로 옮긴 청년의 기대와는 달리 시장과 고객의 반응은 냉담했습니다. 자신의 주장을 피력하기 위해서 세일즈 분야의 금기인 '고객의 말에 귀 기울기보다 자신의 이야기를 전달하기'에 급급했습니다. 고객이 필요한 것에 집중하기보다는 자신이 판매하고 있는 상품에 자아도취되어 자사 제품의 장점만을 늘어놓기 시작했습니다. 가끔은 판매체결 후에 받게 될 수당에 정신이 팔리기도 했습니다. 판매의 종결 단계에 이르러 계약을 하지 않는 고객 앞에서 감정을 추스르지 못하고 실수를 범하기도 했습니다.

시행착오를 통해서, 선배 에이전트들을 반면교사反面教師 삼아서, 고객의 따끔한 충고를 통해서 청년은 천천히 그러나 올바르게 '세일즈'라는 분야의 기초를 쌓기 시작했습니다. 독서와 사색 그리고 훈련의 날들이 지나고 나니 영업이라는 단어가 눈에 들어오기 시작했습니다. 점점 자신의 일을 좋아하게 되었습니다. 작은 성공이 모여 큰 성공의 그림이 그려지면서 그 누구보다 자신이 하는 일을 사랑하게 되었습니다. 만나는 고객은 전과 같았으되 만남의 의미가 남달랐습니다. 거절의 빈도는 동일했으되 거절마저도 감미롭게 느껴졌습니다. 열정과 에너지 그리고 순수성에 감탄한 고객들의 호응과 적극적인 소개가 시작되었습니다. 그 이후로 약 5년 동안 청년을 만날 수 있는 약속을 잡기가 쉽지 않게 되었습니다. 국내 종신보험 업계의 1.5세대로서 3년 연속 챔피언의 영광을 안게 되었습니다.

지난 14년 동안 보험금융분야에서 새로운 경험을 한 제가 어느덧 불혹의 나이를 훌쩍 넘기게 되었습니다. 8년이 넘는 시간 동안 영업 관리자인 대표 지점장의 역할을 하고 있지만 항상 부족함을 느낍니다. 사람들의 마음을 움직여야 하는 에이전트 일처럼 지점장 또한 함께 일하는 구성원들의 마음을 움직여야 하기 때문입니다.

뛰어난 선수는 뛰어난 감독이 될 수 없다는 업계의 징크스를 깨기 위해 부단히 노력하여 메트라이프 전국 112개의 지점 중 챔피언 지점으로서의 영광도 맛보았습니다. 하지만 금융유통 업종의 세계적 수준과는 아직도 거리가 멉니다.

성공은 목적지에 도달하는 것이 아니라 목적지에 도달하기까지의 긴 여정이라는 것을 저는 잘 알고 있습니다.

제가 속한 분야에서 '최고가 되기 위해서는 자신이 하고 있는 일을 사랑하라'는 메시지를 얻는데 많은 시간이 걸렸음을 고백하고 싶습니다.

기록은 깨어지기 위해 존재하는 법.

한국 프로페셔널 세일즈맨들의 열정에 찬 고객과의 '관계'가, 그 관계로부터 출발한 '계약'이, 그 계약으로부터 획득된 고객들의 '만족'이라는 신기록이 매일매일 깨어지기를 간절히 기대해 봅니다.

2008년 6월
청담동 사무실에서 늦은 밤, 불을 밝히며
차태진

프롤로그

베이스캠프 없이 에베레스트를 정복할 수 없다

최고의 세일즈맨을 꿈꾸는 나는 지금 다시 베이스캠프에 도착했다. 베이스캠프는 필요한 편의시설을 갖추고 특히 공격 명령에 필요한 연락시설을 갖추며 대원들이 휴식도 취할 수 있어야 한다. 나는 지금 새로운 도전을 준비하며 다시 그곳에 서 있다.

메트라이프에 입사하여 8년 여가 흐른 2008년 초여름, 직원들이 모두 퇴근한 사무실을 홀로 걸어 나오며 나는 또 어디를 향해 걸음을 옮기고 있는가. 정상이 높고 험할수록 베이스캠프는 더욱 튼튼하고 가능한 한 높은 곳에 세워야 한다. 그 누구도 베이스캠프 없이 결코 에베레스트를 정복할 수 없다.

처음 생명보험 세일즈를 시작한 1996년도 영업실적을 마감한 결과, 나는 에이전트 챔피언으로 선정되었다. 이듬해 나는 챔피언이란 타이틀 뒤에 가려진 치열한 전투의 흔적과 그 여운을 가슴에 품은 채 2라운드를 맞았다.

그리고 게임은 다시 시작됐다. 1998년 초, 숨 가쁜 2년 연속 챔피언의 거친 항해를 마치고 3년째로 접어들었다. 그 무렵, 왠지 모를 허무함이 밀려왔다. 그렇지만 선두그룹의 뜨거운 열기가 내게로 전해오면서 내 가슴속에 다시 전율이 느껴지기 시작했다.

'아직 아무도 정하지 않았던 목표! 그것을 이루어 보자!'

하지만 아무도 나의 승리를 점치지 않았다. 초반에 넋을 잃고 있었던 내가 다시 정신을 가다듬었을 때, 이미 레이스는 중반을 넘어서고 있었기 때문이다. 경쟁상대는 그 누구도 따라잡을 수 없을 만큼 막강한 파워를 뿜어내며 쾌속으로 항해하고 있었다.

나는 마음속에 베이스캠프를 차리고 나만의 공격 루트를 찾아 진격하기 위한 계획을 치밀하게 세우는 일부터 시작했다. 남들이 앞서간 길을 따라가서는 막판 뒤집기가 불가능했다. 전혀 확률이 서지 않는 상황에서 가능한 모든 정보를 수집하고, 실적을 분석하고, 상대의 행동추이 그래프를 그리고, 그에 맞설 대안을 이론적으로 세워 나갔다. 그렇게 나는 푸르덴셜생명 에이전트 3연패 챔피언이 되는 데 성공했다.

1999년, 난 세일즈 매니저가 되었다. 세일즈 매니저는 에이전트들의 성공을 위해 존재하고 그들에게 헌신하며 그들과 비전을 공유하는 존재가 되어야 한다.

2001년 나는 급변하는 업계 트렌드에 부합하기 위해 메트라이프로 자리를 옮겼다. 현재 나와 함께 성공을 꿈꾸는 지점원들이 2백 명이 넘는다. 작년의 성과를 종합한 결과 내가 맡은 지점이 메트라이프에서 2007년 지점 평가 1위가 되었다. 지금 나는 새로운 베이스캠프에 서 있음을 느낀다. 다시 시작이다. 내가 지금 어디에 서 있는가를 빠르고 정확하게 파악해야 정상까지의 거리와 공격루트를 정할 수 있다.

내가 처음 세일즈를 시작했던 푸르덴셜의 비즈니스 영역은 좁지만 깊은 편이었다. 메트라이프는 좀 더 폭넓은 서비스 상품과 고객군을 가지고 있다. 나의 역할도 변해서 예전에는 선수로 활동했다면 지금은 코치나 감독의 역할을 맡고 있다. 영업 에이전트들을 발굴하고 육성하는 것이 나의 가장 중요한 일이다.

따라서 앞으로 내가 할 일은 혼자가 아니라 여럿이 함께 이루어 내야만 할 성공이다. 그들의 성공이 곧 나의 성공이다. 영광은 내가 아닌 그들의 몫이다. 그러나 이번에도 역시 흥미진진한 게임이 될 것이다.

앞으로 펼쳐질 힘겹고 흥미진진한 탐험이 에베레스트로 오르는 겨울 산행이 될지, 얼음을 깨고 항해하는 북극 탐험이 될지 지금으로서는 나도 모른다. 다시 돌아보니, 두려움을 가슴에 안고 첫 출근을 하던 날 피부에 와 닿았던 매섭고 시린 겨울 공기의 느낌마저 되살아 나는 듯하다.

베이스캠프를 나서기 전, 문을 활짝 열고 공기를 호흡해본다. 그 공기에는 나와 우리의 성공한 미래가 묻어 있다고 나는 확신한다.

원리원칙은 깊게 멀리 흐르는 강물이다

1995년 영업을 처음 시작했을 때 나는 회사에서 5분 거리에다 하숙집을 마련하고 새벽 6시면 출근했다. 그날 만날 고객을 위해 꼼꼼하고 철저하게 준비를 한 후 다른 동료들이 출근하는 8시 30분이 되면 어김없이 양손에 중무장한 가방 세 개를 들고 현장으로 출동했다.

하루에 만난 고객은 평균 5~6명 정도였고 일주일에 새로운 고객을 13~15명 정도 만났으니 하루 24시간이 모자랄 정도였다. 그 때나 지금이나 운전면허가 없는 나는 주로 걸어서 다니거나 뛰었고 지하철이나 택시를 이용하여 시간을 아꼈으며 급할 때는 더러 비행기도 탔다. 물론 주말이나 휴일도 없었고 서울과 지방을 오가며 새벽도 불사하고 고객을 만났다.

주변에서 모두들 미쳤다고 했다. 가족들은 물론 친구들 심지어는 함께 일하는 동료들까지 그렇게 미친 사람처럼 뛰어다닐 필요가 있느냐고 힐난했다. 그러나 이 사업에 뛰어든 이상 프로의 정신으로 무장하고 내 자신이 인정할 수 있을 때까지 최선을 다하고 싶었다. 시작부터 요령을 피워봐야 내게 남을 것은 없을 터였다.

쉬지 않고 사람들을 만나고 또 만났다. 아무리 강한 거절을 받거나 육체적, 정신적인 슬럼프에 빠지더라도 나는 초심을 되새겼다.

**습관적으로 생각 없이 일하는 사람보다는 열심히 일하는 사람이
열심히 일하는 사람보다는 그 일에 미친 사람이
일에 미치기보다는 그 일을 즐기는 사람이 되고 싶었다.**

친구가 첫 고객이 되었고 그 친구의 소개로 다른 고객을 만났다. 친구의 소개로 만났지만 이전에는 알지 못했던 가망고객이었다. 나는 최선을 다했다. 고객을 설득하려 하지 않았다. 생명보험의 가치에 대해서 열심히 설명했다. 융통성보다는 원리원칙에 충실하려고 노력했다. 결과는 좋았다. 가망고객은 계약서에 선뜻 사인을 했다. 운 좋게도 이후부터는 아는 사람들을 찾아다닐 필요가 없었고 자연스럽게 소개가 이어졌다. 내 경우는 아는 사람보다 처음 만나는 사람을 대하기가 훨씬 편했다. 물론 고객들이 우선 내 인상에서 부정적 판단을 하지 않았다는 것이 고마운 일이다. 어쨌든 내 자신의 커뮤니케이션 능력에 자신감을 얻기 시작했다.

신입 에이전트 시절 나는 미친 듯이 그러나 기본에 충실한 영업을 펼쳤다. 운도 좋았겠지만 열심히 일한 결과 1996년 1월부터 3월까지의 실적으로 나는 그해 에이전트 중에서 '실버 프라이즈Silver Prize'를 받았다. 고객이 부르면 달려간다는 영업초기에 세운 원칙은 깊게 멀리 흐르는 강물과도 같다는 교훈을 얻었다.

최다 홈런의 이면에는 최다 삼진 아웃이 있다

기록은 물론 깨지기 마련이다. 베이브 루스는 한 해 10개의 홈런으로 홈런왕이 되던 시절에 54개의 홈런을 쳐서 지금까지도 미국 프로야구의 영웅으로 대접받는다. 시간이 흐른 뒤 누군가 홈런의 비결을 묻자 그는 다음과 같이 말했다고 한다.

"714개의 홈런을 기록할 수 있었던 것은 1,390개의 삼진 아웃이 있었기 때문이다."

누구에게나 실패는 있다. 실패를 어떻게 받아들이느냐에 따라 인생의 결과가 달라진다. 과거의 실패를 무겁게 끌어 안은 채 새로운 시도를 두려워하는 사람과 과거의 실패에서 교훈을 얻어 한 걸음씩 성공으로 향하는 다음 계단에 이르는 사람에게 돌아가는 보상은 당연히 엄청난 차이가 있다.

사람들은 714개의 홈런을 친 베이브 루스만 기억할 뿐, 1,390개의 삼진 아웃을 당한 베이브 루스를 기억하지 않는다. 주목할 것은 그가 베이브 루스다운 것은 자신의 수많은 삼진 아웃을 홈런으로 향하는 계단으로 여겼다는 사실이다. 실패는 어떤 경우에도 실패로 끝나지 않는다. 반드시 성공과 연결된다. 물론 다시 일어서는 사람에게만 해당되는 말이다.

1997년 인도의 부통령이었던 코체릴 라만 나라야난은 94퍼센트의 압도적 지지로 10억 인구의 대국인 인도의 대통령이 되었다.

인도에 카스트라는 신분계급제가 있다는 것은 많이 알려진 사실이다. 승려 계급인 브라만과 왕족 및 무사 계급인 크샤트리아, 상인과 농민 계급인 바이샤 그리고 노예 계급인 수드라가 그것이다. 그런데 이 4부 계층에도 끼지 못하는 달리트Dalit라는 계급이 있다. 너무나 천해서 손도 대기 꺼린다는 '불가촉천민不可觸賤民' 계급이다. 나라야난은 바로 이 달리트 출신이다.

물론 인도는 1947년 영국으로부터 독립하면서 헌법에 의해 카스트 제도의 무효를 선언했다. 그럼에도 불구하고 상류계급은 아직도 하류층과 결혼하지 않고 식사도 함께 하지 않을 정도이다. 이런 상황에서 수많은 역경을 이긴 최고의 인물이 탄생한 것이다.

월트 디즈니도 너무 가난해 농장의 일꾼으로 일했다. 그는 하루 일과가 끝나고 비료가 쌓인 헛간에서 잠을 자면서 그곳에 사는 쥐를 그렸다. 그 그림이 후에 만화 '미키 마우스'로 발전했음은 두말할 나위 없다. 그는 헛간 시절을 참으로 행복했다고 회상한다. 일이 있었고, 먹을 것이 있었고, 잠자리가 있었고, 그림을 그릴 수 있었으며, 주인 딸을 사랑하는 마음이 있었기 때문이라는 것이다.

프로이트는 신경증 환자의 정신적 갈등을 치료하기 위해 '자유연상법'을 적용했다. 자유연상법이란 실연을 당했을 경우 상대의 이미지를 떠올려서 점차적으로 이미지를 변화시켜 연상하게 하여 결국에는 전혀 다른 긍정적 이미지로 바꿈으로써 고통으로부터 벗어나게 하는 방법이다. 우리가 세일즈에서 가장 고통을 받는 것은 거절의 원인이 된 이미지가 머릿속에 남아 있기 때문이다.

이 때 참고할만한 것은 바로 자유연상법이 '언어'에 의해 이루어진다는 것이다. 결국, 거절 당했을 때 머릿속에 남아있는 이미지를 언어화하여 긍정적으로 바꾸어내는 일이 중요한 셈이다. 이를테면 베이브 루스가 홈런을 많이 친 비결에 대해 물었을 때 자신의 삼진 아웃이 홈런에 밑거름이 됐다고 언어화한 것 역시 자유연상법의 한 방식이다. 세일즈맨이 실패를 극복하려면 원인을 분석하여 전환시킬 줄 알아야 한다. 개인마다 나름의 방법을 찾을 수 있겠지만 다음과 같은 구절도 좋은 효과를 발휘한다.

"최다 홈런의 이면에는 최다 삼진 아웃이 있다."

역경에 처하면 그에 대처하는 보상 능력이 자생한다. 실패와 역경 속에는 반드시 그만큼 혹은 그 이상의 커다란 성공의 씨앗이 들어 있다. 이는 대수의 법칙에서 배우는 또 하나의 희망이라는 점에서 우리 세일즈맨이 가슴 깊이 새겨야 할 대목이다. 이제 프로세일즈맨이 되고 싶은 사람은 자신이 어디에 서 있나 살펴볼 때다.

PART 1

챔피언의 유전자

Strategy 1

핏빛보다 선명한 목표를 세워라!

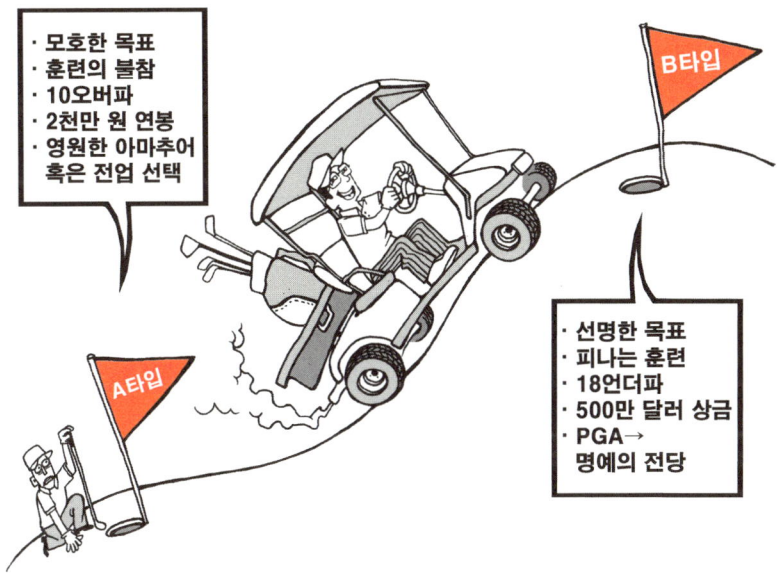

- 성공과 실패를 결정짓는 가장 큰 요소는 목표 그 자체다.
- 핏빛처럼 선명한 목표를 설정하라.
- 좋은 목표는 스마트 SMART한 목표이다.
- 스마트 SMART한 목표는 구체적 Specific, 계수화 가능 Measurable, 달성 가능 Attainable, 의미 있음 Relevant, 시한 Time bounded의 다섯 가지 속성을 갖고 있다.

불가능한 목표설정의 선물, 입사 1년만의 챔피언

푸르덴셜에서는 1년간의 영업성과를 평가하는 사내 프로그램인 'CTC Chairman's Trophy Contest'라는 게 있었다. 일정 기준 이상을 달성하면 동기부여 시스템인 '컨벤션'에 참가할 수 있는 자격이 주어졌다. 가족들과 해외 유명 휴양지에 참가할 수 있는 자격이 주어지는 만큼 관심을 끌 수밖에 없었다.

1996년 3월 16일부터 푸르덴셜에서는 새로 CTC가 시작되었다. 목표는 높을수록 좋고, 핏빛처럼 선명하고 구체적일수록 유리한 법이다. 나는 1년 동안 달성하고 싶은 다섯 가지를 목표로 세웠다.

첫째, 1년 안에 시니어 에이전트(보유계약 150건 이상)가 되는 것

둘째, 계약 유지율 100% 달성

셋째, MDRT* 회원 자격 달성

넷째, 연소득 1억 이상

다섯째, 에이전트 챔피언

게임의 룰을 먼저 아는 사람이 게임에서 이길 확률이 높다. 나는 푸르덴셜 조직의 룰을 100퍼센트 내 것으로 만들었다. 회사의 보수 체계를 분석한 후 내 목표에 도달하기 위해서는 구체적으로 실적이 어느 정도여야 하는지 수치화해서 머릿속에 입력해 놓았다. 그리고 한 달 동안의 활동계획, 일주일간의 활동계획, 하루의 활동계획을 세밀하게 짰다. 또한 업무의 효율성을 높이고 체계적인 데이터베이스 시스템을 갖추기 위해 은행에서 융자를 받아 2천만 원 가량 투자했다.

우선 보험영업이 피플 비즈니스인 만큼 외모 관리를 위해 먼저 양복을 두 벌 샀다. 무엇보다 무한경쟁의 사회에서 살아남으려면 속도와 정보에서 앞질러야 한다는 생각에서 그 당시에는 아직 일반화되지 않았던 휴대폰과 개인 휴대 단말기인 PDA, 노트북, 기타 사무용품 등을 구입했다.

내가 업무에 관련된 기기나 사무용품에 집착하는 것은 다른 사람들이 자동차나 오디오 같은 것에 특별히 애착을 갖는 것과 비슷하다. 자신이 열광적으로 빠지는 것에 대해 아까운 줄 모르고 투자하는 것도 경쟁력이다.

당시로선 최고 품질이었던 380만 원짜리 노트북을 구입한 걸 보고 국내 PB 1호라 할 수 있는 문순민 하나은행 지점장은 "여기에 공장이 있군요."라고 말했다. 노트북 하나만으로도 내 생각을 읽어내고 프로의 자질을 인정해주신 것이다. 고객 한 분의 사소한 배려의 말과 인정에 나는 샘솟는 자신감을 느꼈다.

그해 6월 말경 첫 퍼포먼스 리뷰(중간 성과 분석)가 있던 날이었다.

당시 세일즈 매니저Sales Manager였던 이병찬 SM은 내게 "목표가 무엇이냐?"라고 물었다.

"챔피언이 목표입니다."

그때 내 실적으로는 별로 가능성이 없어 보였는데도 나는 그렇게 당찬 대답을 했다. 당시 뛰어난 기량의 선배들이 선두그룹을 형성하고 있었다.

"무림에 강호가 얼마나 많은데, 너무 과한 목표 아닌가?"

이병찬 SM은 오버하지 말라는 사인을 보내왔다.

그런데 그 후 작은 사건이 벌어졌다. 7월 지점 미팅 시간에 이병찬 SM이 "차태진의 목표는 챔피언이다."라고 발표해 버렸던 것이다. 흠칫 놀라긴 했지만 이 SM의 발표는 나에게 아주 강력한 동기부여 요인으로 작용했던 것이 사실이었다.

비록 선두 대열은 아니었지만 영업을 시작한 지 한 달 만에 소개 확보에 성공한 나는 4~5월을 지나면서 점차 실적이 안정되어 가고 있었다. 다른 사람들은 어떻게 될지 더 두고 봐야 안다고 했지만 나는 6월 말에 이미 충분히 도전해 볼 가능성이 있다는 느낌이 들었다.

뜨거운 여름 동안도 내내 쉬지 않고 열심히 뛴 결과 '1주일에 세

건 이상 신규 계약 연속 달성'의 기록을 계속 갱신해나가고 있었다.

8월경 한 산부인과 의사로부터 연락이 왔다. 꽤 늦은 시간이었는데 집으로 좀 와달라는 간곡한 부탁이었다. 그분 집에 도착한 시각은 밤 11시, 설명을 마치고 나온 것은 새벽 1시경이었다.

장인어른의 채무보증을 서 드렸다가 그만 장인의 사업이 실패하자 채무를 자신이 갚게 되었다는 것이다. 아무 것도 남겨 줄 것이 없다 생각하니 아이들을 위해 보험을 들어야겠다는 생각이 든 것이다.

그분은 방문을 열고 아이들이 잠든 모습을 보여주며 말했다.

"우리 아이들이 잘 자라야 할 텐데……. 혹시 내게 무슨 일이라도 생기면 당신이 잘 도와주시오."

아이들을 생각하는 그분의 절절한 마음이 내 가슴속에 큰 울림으로 다가왔다.

'내가 전달하고 있는 생명보험이 이렇게 큰 가치가 있구나!'

고객에게 가치를 전달하는 내가 오히려 고객을 통해 생명보험의 현실적인 가치를 체험하게 된 것이다. 고객의 삶을 통해 내 눈으로 직접 보고 그것이 얼마나 고귀한 가치인지 확실히 느낄 수 있었다.

10월, 11월에 들어서면서부터는 내가 선두로 치고 나가기 시작했고 무난히 그해 챔피언이 되었다. 다른 동료들은 그때 내 힘이 너무나 강력해서 경쟁하기엔 도저히 중과부적이었다고 말했다. 원래 일에 한번 몰입하면 미치고야 마는 내 습성과 당시 고객들과의 만남을 통해 얻은 사명감이 보태어져 무서운 신예의 힘을 낼 수 있었던 것 같다.

최종 결과 1, 2위의 차이는 꽤 깊었다. 물불 가리지 않는 신예의 파워란 그만큼 강력하다. 결국 처음에 세운 다섯 가지 목표를 모두 달성했다.

MDRT* 소개

MDRT협회는 1927년 미국 테네시 주의 멤피스에서 시작된 보험·재정 상담사들의 모임으로 2008년 현재 전 세계 79개국, 약 475개의 생명보험사에서 활동하는 3만 7천여 명의 회원이 모인 전 세계적인 단체입니다.

MDRT란 Million Dollar Round Table(백만달러원탁회의)의 약자로, 생명보험 판매 분야에서 명예의 전당으로 여겨지고 있습니다. MDRT협회는 생명보험 판매 서비스의 질적 수준을 높이고 각 회원들의 전문성을 고취하기 위하여 많은 강연을 준비하는 한편, 매년 회원 서로의 세일즈 아이디어와 노하우를 교환할 수 있는 전 세계적 규모의 연차총회를 개최하고 있습니다.

MDRT회원 모두는 고객의 이익을 최우선으로 하는 보험·재정 상담사일 뿐 아니라 나눔의 정신을 실천하는 헌신적인 사회봉사자들이기도 합니다. MDRT협회와 그에 속한 회원 모두는 국적에 상관없이 자신이 사회로부터 받은 도움을 나눔과 봉사의 정신을 통하여 여러가지 방법으로 사회에 환원하고 있습니다.

MDRT 윤리강령

MDRT회원은 MDRT '윤리강령'의 철저한 준수야말로 가장 수준 높은 회원자격을 유지하는 필수적 항목이란 생각으로 항상 마음 깊이 간직하여야 합니다. 이 기준은 소비자, 생명보험업계 그리고 관련된 재정서비스와 상품에 많은 도움이 될 것입니다. 따라서 회원은 다음 사항을 준수하여야 합니다.

1. 항상 자신의 직·간접적인 이익보다 고객의 이익을 최우선으로 두어야 합니다.

2. 가장 높은 수준의 전문가적 능력을 유지하면서 전문적인 지식, 기술 그리고 유능함을 지속적으로 유지·향상 시킴으로써 고객에게 최선의 조언을 제공할 수 있어야 합니다.

> 3. 고객의 모든 사업과 사적인 정보에 대하여 사명감을 가지고 철저히 비밀로 유지하여야 합니다.
>
> 4. 고객이 합리적인 의사결정을 내릴 수 있도록 모든 관련된 사실을 정확히 알려야만 합니다.
>
> 5. 생명보험업계와 MDRT에 긍정적으로 평가될 개인 행동을 유지하여야 합니다.
>
> 6. 생명보험이나 금융상품의 계약 대체가 있을 경우에는 항시 고객에게 이익이 가도록 회사결정이 되어야 합니다.
>
> 7. MDRT 회원은 사업을 영위하는 국가와 지역의 모든 법과 규정의 조항을 준수하여야만 합니다.

고객이 같이 뛰어 준 2년 연속 챔피언 달성

1997년 6월 8일부터 5박 6일간 미국 조지아 주 애틀랜타에서 열린 MDRT 대회에 참석하고 돌아왔다. MDRT는 생명보험의 가치를 재정립할 수 있는 좋은 배움의 장소였다.

동일한 콘셉트와 동일한 세일즈 프로세스로 세계 각국에서 생명보험 사업을 진행하고 있는 동료들의 눈빛과 자신감은 당시 영업 새내기였던 내게 많은 교훈을 안겨 주었다. 내가 이런 사람들과 함께 있다는 것만으로도 충분히 자긍심이 고취되는 좋은 경험이었다.

그러나 귀국 후 가진 6월 25일 첫 퍼포먼스 리뷰에서 받아본 실적 평가는 전년도 챔피언인 나의 위상을 위협하기에 충분했다.

- 1위 이동준, 2위 최경철

내 순위는 41위에 머물러 있었다.

프로의 세계에서는 변명이 통하지 않는 법이다. 전년도의 실적을 잊고 새로 방향을 설정하는 것이 필요했다. 자존심의 회복 차원이 아니라 생존을 위한 목표가 필요했다. 내 스스로 퍼포먼스 리뷰를 요청하여 진행된 마지막 시간이었다. 토론을 진행하던 어느 분이 내게 목표 설정에 대한 질문을 했고, 매니저는 챔피언에 연속으로 도전해 볼 의향이 없느냐고 조심스럽게 물어 왔다.

나는 고민하지 않았다. 챔피언에 도전하여 성공할 확률은 5퍼센트 미만, 그러나 다시 한 번 도전해 보고 싶었다. 처음 영업을 나가던 1996년 1월 3일 겨울 밤의 한기를 받으며 느꼈던 긴장감으로 새로 시작해 보고 싶었다. 입사 이래 18개월 동안 전력질주 한 기억뿐이지만 왠지 조금 더 몸을 풀 수 있을 듯한 느낌이 들었다.

몸과 마음을 다스리고 트랙을 다시 돌리고 하니 명분이 필요했다. 기록과 역사는 깨지고 창조되기 위해 존재한다고 했다. 나는 신화에 도전하는 진정한 프로페셔널 세일즈맨이 되고 싶었다. 그러나 무엇보다도 나의 에너지를 최고로 끌어올릴 동기가 없다면 앞으로의 생존조차 장담할 수 없으리라는 직업인으로서의 위기 의식이 앞섰다.

금전적인 보상과 프로페셔널로서의 명성은 고민의 요소에서 자연스레 뒤로 밀려나고 있었다.

함께 일을 시작한 비서와 마라톤의 출발선에서 사력을 다해 뛰기 시작했다. 그러나 레이스는 이미 중반을 넘어 종반으로 치닫고 있는데 내 상황은 전혀 진전될 기미가 보이지 않았다. 오히려 더 강력한 세일즈맨십으로 무장한 신예 동료들이 선두그룹에 가세하기 시작했다.

주변에서는 누구도 나의 2연패 가능성을 점쳐 주지 않았다. 그러나 나는 포기하지 않았다. 레이스가 아직 끝나지 않았는데 미리 포기할 수는 없었다. 끝까지 최선을 다하는 모습도 필요했고 무엇보다 스스로 납득할 수 없었다. 9월에 접어들면서 비로소 13위에 올라 선두와의 격차가 조금씩 줄어들기 시작했다.

- 10월 22일 : 1위 이동준, 2위 최경철, 3위 차태진

나는 가까스로 선두대열에 합류했다. 비록 3위이긴 했지만 내가 포기하지만 않는다면 가능성은 얼마든지 있었다. 특히, 나에게는 2연패라는 선명한 목표가 있었다.

- 11월 12일 : 1위 이동준, 2위 차태진, 3위 서주영

＊ 이 책에 등장하는 에이전트의 이름은 모두 가명을 사용했음을 밝힙니다 ─ 편집자 주

나는 드디어 2위에 올라섰다. 그러나 아직도 1위와 2위의 차이는 매우 컸다.

● 12월 19일 : 1위 이동준, 2위 차태진, 3위 서주영

역시 고객들의 성원과 격려가 큰 힘이 되었다. 마치 축구시합을 관람하듯 고객들은 경쟁구도가 어떻게 진행되고 있는지 만날 때마다 내게 묻곤 했다. 지점 식구들과 본사 직원들의 관심도 고조되어 갔다. 11월 말까지만 해도 단체계약을 포함하여 몇 개의 계약 건을 준비해 놓고 있었으나 갑자기 불어 닥친 IMF 구제금융의 한파로 무기한 청약연기 요청을 받았다.

1위와의 격차는 조금 좁혀져 있었지만 여전히 역부족이었다. 이 때 희망의 징조가 나타났다. 기존 고객들의 적극적인 소개로 고액 계약들이 연이어 체결되었다.

영업 마감을 일주일 앞두고 금요일 저녁 김형욱 SM으로부터 사무실로 들어오라는 연락을 받았다.

"지금까지 최선을 다했으니 됐다. 선두와의 격차가 좁혀질 것 같지 않으니 그만 포기하는 것이 어떻겠나?"

후배 에이전트를 아끼는 김 SM의 따스한 마음을 느낄 수 있었지만 나는 고민하지 않았다. 끝까지 최선을 다해 보겠노라고 대답했다.

12월 18일 네 건의 고액 계약을 체결했다. 고객들 가정을 방문하고 12시가 다 되어서야 하숙집으로 향했다. 그날따라 서울의 야경도

아무런 감흥이 없었다. 단지 문득 배가 고프다고 느꼈다. 점심 저녁을 모두 건너뛰었다는 생각이 그제야 들었다.

12월 20일 영업 마감을 하고 나서도 누가 승리했는지 알 수 없는 상황이었다. 2연패를 했다는 확신은 1998년 1월 최종 리포트가 나온 다음에 가질 수 있었다. 이렇게 나의 신화는 또 한 줄 추가되었다.

전략의 승리, 3연패 챔피언의 신기록

1998년 1월 10일 토요일 오후. 게임이 끝난 운동장의 적막과도 같은 고요와 허무가 지점 전체와 내 가슴을 쓸고 지나갔다. 경색된 시장 환경과 다른 지점의 탁월한 동료 에이전트들과의 힘겨운 막판 경쟁을 극복한 결과였기 때문에 내심 정말 기쁠 것 같았다. 그러나 막상 결과가 발표되고 나니 긴장이 풀어지면서 작년에 느꼈던 허무함이 올해는 좀 더 큰 파도가 되어 밀려왔다. 지점 동료들의 격려와 칭찬을 뒤로하고 자주 가는 맥주 집에서 혼자 시원한 맥주로 가슴속의 파도를 잠재웠다.

2연패 이후에는 방송 출연 요청도 잦아지고 강의 요청도 많이 받았다. 6월에는 21세기 신지식인위원회에서 나를 금융 분야 신지식인으로 선정했다. 그때 같이 선정된 사람 중에는 개그맨이자 영화감독인 심형래 씨도 있었다. 금융 분야에서는 12명이 선정되었다. 보험 분야에서는 두 명이었다. DJ 정부가 지식분야에서 활동하는 전문가를 선정한 것인데 나는 운이 좋아 신지식인으로 선정되어 청와대까지 가 국수를 먹고 왔다.

왠지 집중이 되지 않는 분위기와 아직 업무에 복귀할 마음의 자세가 되어 있지 않은 상태에서 4월 22일, 다시 첫 리포트를 받았다.

1위는 허준환 에이전트, 2위는 조은기 에이전트였다. 나는 38위를 차지했다. 적어도 15위에서 20위 정도는 될 거라고 기대했는데, 이건 말도 안 되는 결과였다.

최소한 선두그룹에는 가세를 해야겠다 싶었다. 다시 레이스 쪽으로 눈을 돌렸을 무렵 경기는 이미 열전의 양상을 띠고 있었다.

- 5월 13일 : 1위 최진호, 2위 조은기
- 6월 24일 : 1위 조은기, 2위 최진호
- 8월 12일 : 1위 김기욱, 2위 최진호

초반의 선두다툼이 치열해지다가 9월에 선두그룹이 대거 교체되었고, 나도 그 대열에 끼어들게 된다. 6월 24일에 조은기 에이전트와 최진호 에이전트의 순위가 바뀌었고, 이때서야 나는 10위로 올라섰다. 또한 8월 12일에는 김기욱 에이전트가 무서운 기세로 선두를 차지했다. 워낙 승률을 점칠 수 없는 상황이었지만 다시 시작하는 마음으로 방향을 설정해야만 했다. 이때 내게 중요한 계기가 한 가지 생겼다.

8월 말경, 모처럼 일요일 시간을 내어 산을 오르던 중에 핸드폰이

울렸다.

"푸르덴셜의 차태진입니다."

"손희걸입니다. 요즘 어떻게 지내십니까?"

그분은 대구에서 섬유업을 하는 분으로 아이네트의 허진호 대표로부터 소개를 받은 인물이었다. 당시에 상품 설명까지 마쳤지만 건강진단을 할 시간이 없어 계약이 미뤄졌다가 IMF 때문에 아예 계약이 유보된 상태였다.

8월 말이 결혼기념일인데 잊고 지내다가, 8월에 내가 보낸 고객 결혼기념일 축하 엽서를 받은 덕에 기념일을 챙기게 되었다고 고맙다는 인사 전화를 걸어온 것이었다. 그는 바로 보험 계약을 진행하며 대구지역의 큰 개인병원을 소개해 주었다. 이 일로 인해 9월과 10월의 경주에 큰 힘을 얻을 수 있었다.

- 9월 23일 : 1위 최경철, 2위 차태진, 3위 김기욱
- 10월 14일 : 1위 최경철, 2위 차태진, 3위 김기욱
- 11월 4일 : 1위 차태진, 2위 김기욱, 3위 최경철

9월 23일에야 나는 선두그룹에 진입했다. 11월 4일에는 가까스로 내가 1위로 올라섰고 김기욱 에이전트가 저돌적으로 상승하면서 3명의 최종 선두그룹이 형성되었다. 그러나 10월에 들어서면서 포기할까, 3연패에 도전할까 하는 고민에 빠졌다. 단순히 챔피언이란 목표 자체보다는 목표가 의미하는 바에 매달렸다. 내게 있어 3연패

의 의미는 무얼까? 앞으로 내가 30년을 더 일할 수 있다고 치자. 그 중 3년은 남은 인생의 10분의 1 아닌가. 남은 인생의 10분의 1을 최고의 자리에 있어 본다는 것은 매우 큰 의미이고 가치 있는 일이었다. 상대의 에너지가 나보다 클지 모르지만 가치는 내 쪽이 훨씬 크다고 최종 판단을 내렸다.

목표를 정한 이상 한곳만을 주시하자는 게임의 원칙을 정했다. 성공할 확률은 단 1퍼센트도 없어 보였다. 힘을 몰아오는 기세에 내가 압박감을 느낄 정도로 사실 김기욱 에이전트의 에너지는 가공할 만 했다. 11월 18일 이후 김기욱 에이전트의 상승세는 그 누구도 따를 수 없을 만큼 강력한 세를 몰고 돌진해 나갔다.

- 11월 18일 : 1위 김기욱, 2위 차태진, 3위 최경철
- 12월 2일 : 1위 김기욱, 2위 차태진, 3위 최경철
- 12월 9일 : 1위 김기욱, 2위 차태진, 3위 최경철
- 12월 15일 : 1위 김기욱, 2위 차태진, 3위 최경철

11월 18일을 기점으로 나와 김기욱 에이전트의 순위가 바뀌고 말았다. 순위는 변하지 않았고 실적은 점점 큰 차이로 벌어지고 있어 대세는 이미 판가름이 난 것처럼 보였다. 12월 15일 마감 열흘 전에는 누구나 불가항력이라고 말하기 시작했다.

그러나 이번엔 철저하게 전략으로 제압하겠다는 것이 나의 게임 원칙이었고 **전략은 마지막 순간까지 노출되어선 안 되는 것이었다.**

물론 운명의 신이 상대의 편이라면 불가항력이었을 것이다.

나는 상대의 3주간의 활동상황을 그래프로 그려나갔다. 그리고 활동량과 확률을 계산하고 내가 상대를 제압할 수 있는 최대치로 승부를 겨뤄보고 있었다. 내가 승리하기 위해서는 일주일 안에 100건 이상의 계약이 필요했다. 나는 믿는 구석이 있었다. 사실 가을 무렵 세일즈를 끝내 놓은 단체계약 건이 있었다. 모 광고대행사와 벤처기업과 관련기업들에서 전격적으로 계약을 진행해 주었다.

최종 실적에서 김기욱 에이전트와의 차이는 내가 200만 원 더 적은 액수였다. 그러나 역전의 발판은 따로 있었다. 유지율 보너스가 합산되어 결국 승부의 저울추는 내 쪽으로 기울었던 것이다. 결국 나는 챔피언 3연패를 달성했다.

두려움과 용기는 동전의 양면

두려움에는 두 종류가 있다. 먼저 변화에 대한 두려움이다. 그리고 기존의 방식을 답습하면서 변화하지 않는 것에 대한 두려움, 즉 그로 인해 시장에서 도태될 것에 대한 두려움이 다른 하나이다. 많은 사람들이 변화하는 것의 두려움보다 결국 변화하지 않는 것에 따른 두려움을 선택하는 이유는 그것이 훨씬 쉽고 본능적인 방향이기 때문일 것이다.

내게 두려움은 용기의 반대 개념이 아니다. 오히려 비슷한 말이다. 시간과 장소 그리고 컨디션에 따라 용기와 두려움은 카멜레온처럼 변한다. 따라서 **진정한 용기란 두려움이 없는 상태가 아니라 두려움을 극복하는 능력**이다. 오히려 적당한 두려움은 상황을 전개시키는 데 있어서 반겨야 할 요소가 된다.

지금은 푸르덴셜에서 활동했던 일들을 회고하듯 여유 있게 말할 수 있지만 아무리 미래를 위한 자발적인 선택이었다고 해도 내게 두려움이 없었던 것은 아니다.

전에 일했던 베인 앤 컴퍼니에서 나는 꽤 많은 연소득을 받았다. 아마 나와 비슷한 연배의 다른 직장인들과 비교했을 때 두세 배는 족히 넘었을 것이다. 그것을 과감하게 포기하는 데는 적어도 내게 많은 용기가 필요했다.

또 하나 발바닥에 땀나듯이 현장을 누비는 세일즈맨에 대한 오래된 사회적 편견은 완고하고 두터운 것이었다. 어쩌면 안정된 직장과 세련된 직업을 과감히 버리고 선택한 세일즈이기 때문에 생긴 '내가 잘 해낼 수 있을까' 하는 막연한 두려움이 나를 더욱 분발하게 했는지도 모른다.

일단 다음 목표를 '세일즈맨 차태진'으로 결론을 내린 후 나는 좀 더 많은 정보를 얻기 위해 노력했다. 그러던 중 어느 선배로부터 이런 말을 들었다.

"세일즈 중에는 보험 세일즈가 제일 거칠고 힘들어."

"가장 거칠고 힘들다고요?"

나는 흥미진진한 호기심이 발동하는 것을 느꼈다. 위험한 게임일

수록 재미가 있는 법이었다. 가능성과 재미. 게다가 거칠고 힘들다면 체질적으로 가지고 있는 나의 도전의식에 불을 지필 만하지 않을까.

'보험 세일즈맨 차태진?'

조금은 낯선 느낌이 들었다. 그것은 아마 당시까지 우리 사회에 만연되어 있던 일반적인 이미지, 다리 품을 팔며 여기저기 기웃거리며 보험을 팔러 다니는 '외판원'의 이미지와 겹쳤기 때문이었을 것이다.

차태진이 세일즈를 한다? 어느 정도 자신이 생기는 대목도 있었다. 세일즈도 궁극적으로는 '문제 해결'이며 의사소통 영역이지 않은가. 내가 가진 생각과 고객이 가진 생각을 맞교환 하는 것이 '보험'이 가진 '문제 해결'의 핵심 아닌가.

'하지만 보험은 어떨까? 무엇이 가장 힘들다는 거지? 우선은 몸으로 부딪쳐 보자.'

그러던 차에 푸르덴셜생명이라는 회사에 대한 소문을 들었다.

문제를 가장 빨리 해결할 수 있는 방법은 그 분야의 전문가로부터 직접 듣는 것이라는 소신은 대학 때부터 지금까지 내가 일관되게 견지하는 방법이다. 나는 대학 때 지도교수였던 이경룡 교수님을 찾아갔다.

"푸르덴셜이 어떤 회사입니까?"

"물론 아주 좋은 회사지. 국내 보험회사들도 배울 점이 많아."

당시만 해도 푸르덴셜이라는 회사는 국내에 잘 알려져 있지 않은 상태였다. 그러나 이경룡 교수님은 국내 보험학의 권위자인 만큼 외국계 보험회사의 현황에 대해서도 잘 파악하고 있었다.

교수님의 단언에 나는 망설이지 않았다. 곧바로 푸르덴셜에 전화를 걸었다. 원래 푸르덴셜 본사는 토요일이 휴무였다. 운 좋게도 내가 전화한 토요일에 인사부 직원이 출근해 있었다.

"월급은 많이 줍니까?"

"당신의 능력만큼이죠."

지금도 그렇지만 그 당시에도 푸르덴셜은 세일즈 매니저가 체계적인 리쿠르팅 과정을 통해 에이전트를 선발하는 방식이 대부분이었다. 에이전트는 이를테면 다른 보험회사의 '보험설계사'에 해당하는 말이다. 푸르덴셜에서는 거기에 전문성을 부여한 개념으로 에이전트라는 용어를 쓰고 있었다.

아무튼 나는 결과적으로 볼 때 회사가 나를 선택한 것이 아니라 내가 직접 회사를 선택한 경우였다.

"거기에 에이전트라는 직업이 있던데 그게 되려면 어떻게 해야 합니까?"

그리고 나서 바로 인터뷰를 거쳐 나는 푸르덴셜의 에이전트가 되었다. 내가 세일즈맨이 되고자 고민을 시작했던 것이 10월 초였고, 푸르덴셜에 입사한 것은 12월 초였다. 한 달 반만의 전격적인 결행이었다. 하지만 사실 그때까지도 난 '보험 외판원'과 '에이전트'의 차이에 대해 잘 몰랐던 것이 사실이다. 물론 두려움이 없었던 것은 아니지만 내가 버린 기득권을 아까워하지 않을 만큼 뭔가 얻어내고야

말겠다는 도전의식에 가득 차 있었다.

두려움을 잘 다스리면 이어서 고개를 드는 것이 바로 도전의식이다. 도전의식이 있다면 문제 해결 능력이 생길 수밖에 없다. 세일즈 중에도 가장 힘들고 거칠다는 보험! 차태진이라고 해서, 이 글을 읽는 독자라고 해서 못하리라는 법은 없다.

성공과 희망의 거점을 찾아라

성공은 목표와 계획에 의해 가능하다. 진정한 프로라면 다른 사람의 시선이 없는 곳에서도 자신의 생활에 충실해야 한다. 겉으로 보이는 외적인 모습과 자신의 생활이 다르다면 그것은 위선이다. 성공을 위해 목표를 세우는 것은 누구에게 보이기 위한 것이 아니라 바로 자기 자신과의 약속이다. 이를 위해서는 항상 자신만의 고유한 경쟁력을 갖추기 위해 능력 계발에 힘쓰며 긍정적인 마음자세와 좋은 습관을 유지하려는 성실성이 필요하다. 나는 성공을 위해서 아래와 같은 네 가지를 제안한다.

첫째, 목표를 높게 잡고 그것을 성취하기 위해 지켜야 할 기준을 높게 유지하자. 높은 목표는 모든 일에 최선을 다하게 하는 역할을 한다. 목표란 힘과 권위를 추구하고 그것을 성취한 사람들에게서 나오게 마련이다. 작은 일이라도 성공해본 경험이 있는 사람이 또 다른 성공을 만들어낸다.

둘째, 적극적으로 나누는 사람이 되자. 성공한 사람들은 항상 자신이 속해 있는 사회에 자신의 몫을 환원할 줄 안다. 뿌린 대로 거둔다는 속담이 있듯이 나눈 만큼 많은 보답을 받게 될 것이다. 사람들은 누구든 혼자 살아갈 수 없다. 다른 사람에게 행한 것은 언제든 자기 자신에게 돌아오게 마련이다.

셋째, 자신이 가진 목표와 비전을 매일 이야기하자. 자신의 계획을 다른 사람과 공유함으로써 함께 동행하도록 한다. 자신과 타인이 항상 목표를 함께 추구하고 동행하도록 하는 능력은 성공한 리더들의 공통점이다.

넷째, 항상 정보를 가까이 하자. 책, 신문, 잡지, 인터넷 등 항상 정보의 흐름 안에 있어야 한다. 무엇보다 가장 중요한 정보는 사람에게서 나온다. 만일 내가 만나는 사람들과 내가 읽고 있는 책이나 신문, 잡지, 인터넷 등 정보의 흐름을 타지 않으면 1년 후 내 모습은 지금의 모습과 달라질 게 없을 것이다.

성공이란 저절로 찾아 오지 않는다. 성공을 우리의 목표로 삼고 계획하고 실천할 때 가능한 것이다. 성공한 사람들의 특징은 실패한 사람들이 하기 싫어하는 일이 주는 경험과 교훈을 인정하고 그것을 수행하는 습관을 갖고 있다는 점이다. 그들은 만족스러운 결과에다 목표를 두고 그것을 성취하기 위해서 무슨 일이든 마다하지 않는다. 성공하는 세일즈맨이 되려면 좋은 습관을 형성하고 유지하는 것이 가장 중요하다. 좋은 습관이 좋은 미래를 만든다. 유지될 수 있는 좋은 습관을 만들기 위해서는 '강한 목표의식'이 있어야 한다. 그러나 스스로 결심하고 그것을 유지하는 습관을 만들지 않는 한 그 결심은 아무런 가치도 없는 약속에 불과할 것이다.

오늘 자신이 마음먹은 결심은 내일도 그 다음날도 지속되어야 한다. 그러기 위해서는 매일 결심하고 매일 유지되어야 한다. 매일 결심하고 매일 유지하는 과정을 계속한다면 마침내 어느 날 아침 눈을 떴을 때 다른 세상에 있는 전혀 다른 사람이 된 자신을 발견하게 될 것이다.

세일즈맨에게 분명한 목표가 없는 것은 결승점 없는 마라톤 코스를 달리는 것과 같다. 골 없는 운동장에서 축구경기를 하는 셈이다. **목표는 현실적이며 감정적이어야 한다.** 자신의 미래는 통제할 수 없는 경제적 조건이나 외부의 영향 혹은 환경에 달려 있는 것이 아니라 바로 자신의 목표의식에 달려 있다. 자신의 목표를 현실적으로 만드는 데 있어서 지나치게 논리적이 되지 않도록 유의할 필요가 있다. 오히려 감성적인 형태의 목적을 만들도록 하자. 니즈는 논리적인 데 반해 욕망과 욕구는 감성적인 것임을 명심하자. 논리적인 니즈는 일정 수준까지는 동기부여를 하지만 일단 충족되면 더 이상 동기부여를 하지 못하게 된다. 그러나 욕망이나 욕구 같은 감정적 니즈는 그것이 충족된 이후에도 더 큰 만족을 느낄 때까지 계속 자신에게 동기부여를 하게 될 것이다.

목표가 원대하면 성취하는 과정에서 자신도 원대해질 것이고 순수한 목표라면 순수해질 것이며 정직한 목표라면 정직해질 것이다.

챔피언의 성공 공식, 꿈은 반드시 이루어진다

미국이 낳은 20세기 최고의 보험세일즈 왕 폴 J. 마이어는 최연소 MDRT 회원 출신으로 현재 40여 개의 기업을 거느린 대부호다. 그는 기업가이자 경영 컨설턴트로 전 세계 세일즈계의 대부로 통한다.

마이어는 스스로 가치와 목표를 세우고 흔들림 없이 실행하여 기록을 세우고 또 세웠다. 1년에 보험계약 100만 달러, 나중에는 6개월, 1개월 마침내 단 하루에 100만 달러, 150만 달러 달성 기록 등의 전무후무한 보험영업 기록으로 27세에 이미 억만장자가 되었다. 70대의 나이가 된 지금도 그는 여전히 꿈을 꾸고 계획을 세우고 도전하고 성취한다고 한다.

그는 말한다.

"지금 나에게 회사도 재산도 몰수하고 사막에 떨어뜨려 놓아도 난 다시 신이 내게 부여해준 능력과 재치로 무에서 시작하여 성공해 보일 수 있다. 세계 어느 끝에 데려다 놓아도 마찬가지다."

환경이 인간을 만드는 것이 아니고 마음가짐이 환경을 만든다는 이야기다.

그는 "사람은 누구든지 마음만 먹으면 뭐든지 할 수 있다. 돈, 연줄, 학력, 연령, 사회적 지위 등은 아무 관계없다. 모든 인간은 다 잠재적 가능성을 갖고 있기 때문에 훌륭한 사람을 보고 주눅이 들 것도 없고 실패한 사람을 보고 얕볼 것도 없다."라는 생각을 갖고 있다. 물론 그에게 어려움이나 실패의 고비가 없었던 것은 아니다.

마이어가 보험영업을 하기 시작한 것은 19세 때였다. 50여 개 이상의 보험회사를 찾아 다녔지만 모두 너무 어리다는 이유로 그를 고용해 주지 않았다. 한 회사가 그를 고용했지만 3주 만에 해고되고 말았다. 이유는 그가 내향적이고 말더듬이인데다 대학도 나오지 않았으며 사교성도 없기 때문이라는 것이었다. 그는 나오면서 이렇게 말했다고 한다.

"당신네들은 지금 가장 훌륭한 세일즈맨을 잃은 것이다. 나는 반드시 미국 보험업계 최고의 기록을 만들어 보이겠다. 당신네가 나에 관한 기사를 어느 날엔가 신문에서 읽을 날이 반드시 올 것이다."

그 후 그는 다른 회사로 옮기고 나서 1년 안에 그 회사가 30년간 깨지 못했던 세일즈 기록을 갱신했다. 그 후에도 계속 기록에 도전하여 약속대로 미국 최고의 기록을 만들었고 지금도 그의 기록은 깨지지 않고 있다.

흔들리지 않는 결의와 끊임없는 노력으로 그일에 집중해야 한다. 기회는 기다리기만 하는 사람에게는 결코 오지 않는다. 도전하여 쟁취하는 사람만이 붙잡을 수 있다.

석유 왕 호라글러는 "성공의 비결은 자신의 계획이 완성된 모습을 얼마나 그려 볼 수 있느냐에 달려 있다."라고 말했다.

그는 눈을 감고 마음속으로 거대한 석유사업을 상상하면서 기차가 철길을 달리는 모습을 그려 보고, 기적 소리를 들으며, 기차가 뿜어내는 연기를 보았던 것이다.

자신이 소원하는 바가 달성된 후의 모습을 생생하게 그려보고 실감했을 때 비로소 그의 잠재의식이 소원한 바를 실현시켜 주었던 것이다. 목표를 분명하게 상상하면 잠재의식 속에 기적을 일으킬 수 있는 힘이 생겨난다.

유명한 사업가들이나 유명하지는 않더라도 사업에 성공한 사람들을 보면 모두가 전부터 자신이 사업에 성공한 모습을 머릿속으로 그려내어 그것이 실현되고 있는 광경을 잠재의식에 불어넣었던 사람들이다. 그리고 자신이 머릿속에 그렸던 모습을 향해 나아갔던 사람들이다.

또한 아무리 위대한 학자라 할지라도 한때는 박봉의 조교 시절이 있었을 것이다. 박사가 될 정도의 사람이라면 지적인 능력이 탁월했을 것이다. 그러니 다른 많은 분야로부터 여러 가지 유혹의 손길이 있었겠지만 기꺼이 싼 월급을 감수하고 생활을 절제하면서 책을 사 보는 이유는 무엇일까? 그러한 사람들에게는 자기가 위대한 학자의 모습으로 연구실에 앉아 연구하고 있다거나 학생들에게 강의하고 있는 미래의 모습이 눈에 선명하게 보이기 때문이다. 혹은 자기가 연구한 것이 책이나 잡지에 실림으로써 같은 학문을 하는 사람들에게 읽혀지고 세상에 공헌하는 것에 대한 기쁨을 생생하게 느낄 수 있기 때문이다.

이처럼 어떤 분야에서든 성공한 사람들은 하나같이 자신의 성공한 모습을 컬러풀한 영화 동영상처럼 보고 느꼈다는 것을 잊지 말아야 한다.

성공하려면 우선 자신의 성공한 미래 모습을 손에 잡힐 듯 생생하게 그려보아야 한다. 그러면 당신은 낙관적인 사람이 될 것이다. 낙관적인 사람은 희망을 품고 매시간을 힘차게 행동하는 사람이다. 그런 사람이 되려면 우선 자신의 성공한 모습을 항상 상상하고 성공을 믿어야 한다. 믿는 것은 반드시 이루어지듯이 상상하는 것은 반드시 현실이 된다. 꿈은 반드시 이루어진다.

보험 왕 '폴 J. 마이어'의 성공 제언

❶ 목표를 선명하게 하라.
성취하고자 하는 것이 무엇인지 명확하고 구체적인 목표를 설정하라.
열의의 화신인 십자군 용사와 같이 그 목표를 달성하는 데 자신의 온 정열을 다 쏟으라.

❷ 목표를 달성하기 위한 계획을 세우고 그 달성 시한을 정하라.
목표를 향하여 시간별, 날짜별, 월별로 신중하게 계획을 세우라.
체계화된 활동과 지속적인 열정이야말로 힘의 원천인 것이다.

❸ 마음에 그린 인생의 꿈에 대해 진지한 욕망을 불태우라.
불타는 욕망이야말로 사람을 행동하게 만드는 가장 큰 원동력이다.
성공하고자 하는 욕망은 '성공의식'을 심어주고 그 성공의식은 다시 '성공습관'을 강화시켜 준다.

❹ 자기가 가진 훌륭한 능력을 절대적으로 신뢰하라.
실패는 염두에 두지 말고 모든 활동을 시작하라.
자신의 약점 대신 장점을 보고 문제점 대신 능력에 주의를 기울이라.

❺ 장애와 비판 그리고 주위의 환경에 현혹되지 말고 또 다른 사람들이 어떻게 생각하고 말하고 행동하든지 간에 굳은 결의를 가지고 자신의 계획을 관철시켜라.

스타는 사라지고 독종만 남는다

푸르덴셜생명 퇴계로 지점의 입구에는 많은 상패와 트로피가 진열되어 있었다. 그중에 많은 기록을 차지하는 것이 차태진, 내 이름 석 자였다. 지나다닐 때마다 그 상패와 트로피들을 받을 때의 짧은 환희가 되살아나 꽤 기분 좋았던 순간들이었다. 왜냐하면 나 자신의 과업에 대해 조직원 모두가 인정을 하고 있음을 드러내는 징표였기 때문이다.

앞에서 강조한 바 있지만 나는 처음 에이전트를 시작할 때 다섯 가지의 목표를 설정했다. 목표는 핏빛처럼 선명해야 한다. 현실적이고 감성적이어야 한다.

첫 번째 나의 목표는 1년 안에 시니어 에이전트가 되는 것이었다. 에이전트는 일정한 자격을 획득하게 되면 시니어 에이전트 Senior Agent로 출발하여 이그제큐티브 에이전트 Executive Agent의 과정으로 경력을 발전시킬 수 있는데, 당시에 시니어 에이전트의 자격 기준은 150건의 계약이었다.

두 번째는 전세계 보험업계 최고 명예의 전당인 MDRT회원으로 1년 안에 그 자격을 얻는 것이었다.

세 번째는 거의 모든 이들이 불가능하다고 하는 '보험 유지율 100퍼센트'였다.

네 번째는 에이전트 챔피언이 되는 것이었다.

다섯 번째는 연소득 1억 원 이상을 달성하는 것이었다.

물론 나는 그 모든 것을 다 이루었다. 다음해에도 에이전트 2연패를 달성했고 이어서 3연패도 달성했다. 3연패 후에는 모든 에이전트들의 꿈인 이그제큐티브 에이전트가 되었다. 최단기간 안에 이루었다는 경력 덕에 MDRT 세계 본부로부터 한국 MDRT협회 초대 회장으로 선임되기도 했다. 입사 이래 매년 누구도 세우지 못한 기록을 세우고 또 달성해나갔다. 아울러 3년 전에 낙타가 바늘 귀를 통과하는 것에 버금가게 어렵다는 CFP®(국제공인재무설계사) 라이센스를 취득했다. 메트라이프로 옮긴 후 2007년에는 내가 맡고 있는 CNP GA가 회사 내 1위라는 영광된 기록을 달성했다.

이제 정상이란 어떤 것인지 조금씩 깨닫게 된다. 정상이란 불가능해 보이는 일을 찾아 그것을 해냈을 때 앉게 되는 자리다. 정상의 자리는 넓다. 하지만 그곳에는 앉을 데가 없다. 오래 앉아 있을 수도 없지만 앉아 있겠다고 버티면 허무감만 파도처럼 밀려온다. 나는 안다. 산 정상에 오르면 산 아래로 내려와야 된다는 사실을. 산 아래로 내려와 다시 또 다른 정상을 향해 오르기 위한 준비를 해야 된다는 것을.

물론 정상에 오른 것만이 성공은 아니다. 올라야 할 봉우리는 많다. 처음의 열정과 에너지를 유지해야만 또 다른 봉우리를 오를 수 있고 그것을 지속할 수 있다면 그 과정이 바로 성공이라 할만한 것이다.

"스타는 사라지고 독종만 살아 남는다."라는 경구가 있다. 이것은 잠깐의 탁월성보다는 일정 수준 이상의 성과를 지속시키는 것이 더욱 어렵다는 뜻이고, 꾸준한 성과를 지속할 때 더 많은 기회와 이익이 보장된다는 현실론을 반영하는 말이기도 하다. 또한 독종이란 단어 자체가 자기 스스로에게 엄격한 자기관리적 차원의 의미를 가지고 있음을 인식해야 한다.

1년 반짝해서 10억을 벌고 노는 것과 꾸준히 지속적으로 열심히 일해서 1년에 1억씩 버는 것 중 하나를 택하라면 나는 주저 없이 후자 쪽을 택하겠다. 이제 생각한다. 트로피를 받을 때의 짧은 환희보다 더 큰 즐거움은 그 목표를 위해 목숨을 걸었던 과정 자체에 있었다고. 겨울 밤에 흐르는 땀과 차가운 바람이 맞닿을 때 느껴지던, 바로 그 빛나는 환희였다고.

CFP®

CERTIFIED FINANCIAL PLANNER는 국제공인재무설계사로 다양한 인적네트워크를 기반으로 고객 재무 전반의 투자, 보험, 부동산, 세금, 은퇴, 상속 등을 포괄하는 종합적인 재무설계 서비스를 제공하는 자격증이다. 현재 국내 파이낸셜 서비스 분야의 전문적인 자격증으로 자리매김하고 있다. CFP는 고객의 일대 일 자산관리 및 금융주치의를 지향하고 있으며 전세계적으로 동일한 전문능력기준과 윤리기준을 가진 종합금융관리에 관해 가장 인정받는 자격증 중의 하나이다. CFP는 AFPK Associate Financial Planner Korea를 합격한 후 일정기간 교육을 이수한 다음 지식형과 사례형의 두가지 시험에 합격하고, 일정기간 금융업계에서의 근무 경력이 인정되어야 취득할 수 있는 자격이다.

세상과 마주 서는 법

IMF라는 국가 경제의 위기가 느닷없이 닥친 이후 취업난이 몰아쳐 직업을 가질 기회마저 원천봉쇄 당한 사회 초년병들의 좌절과 절망이 큰 사회 문제가 된 적이 있었다. 물론 시기는 다르지만 나 또한 쉽지 않은 사회 초년병 시절을 거쳐왔기 때문에 그들의 아픔을 공감할 수 있다.

대학을 졸업하는 마지막 학기 때였다. 나는 우리나라 최고의 대기업으로 통하는 세 개 회사에 입사 원서를 제출했다. 결과는 예상외로 참패였다. 한 회사도 아니고 세 개의 회사에서 모두 보기 좋게 거절당한 것이다. 아예 문턱도 넘어 보지 못하고 거절을 당했으니 슬프다 못해 비참한 심정이었다.

'대기업의 문턱이 그렇게 높단 말인가.'

나는 서강대학교 경영학과를 졸업했다. 뜨거운 젊은이의 패기와 미래에 대한 꿈밖에 없던 나는 대학 4년 동안 거의 도서관에서 살다시피 했다. 이후 내 모든 관심사는 도서관이라는 공간에서 출발했다.

또한 과대표를 맡아 리더로서의 경험도 해보았고 데모도 열심히 했다. 교외 서클 활동을 통해 다른 학교 학생들과의 유대도 넓혔다. 방학 중에는 사회를 직접 체험하기 위해 호텔 웨이터, 세차장 일 등의 아르바이트를 한 번도 거르지 않고 꾸준히 해왔다. 졸업 전에는 세계적 생활용품 회사인 P&G에서 인턴사원으로 근무하기도 했다.

학과 성적, 사회성 그리고 무엇보다도 열정에 자신이 있었다. 오만할 만큼 어느 회사에 들어가든지 최고로 일을 잘 할 수 있다는 자신감과 그만한 실력이 있다고 자부했다. 그러니 대기업에서 날 받아 주지 않은 이유가 무엇인지 도저히 이해할 수 없었다.

더욱이 군 제대 일자가 4월이어서 1학기 복학이 불가능한 것을 휴가를 뒤로 몰아 억지로 복학한 것도 가을 학기에 졸업하는 것보다 겨울에 제대로 졸업하는 것이 취업에 유리할 것이라는 판단 때문이었다. 완벽하게 준비했다고 생각했는데 모든 게 수포로 돌아갔다.

그러나 이미 결정된 일에 대해 연연할 수는 없었다. 내 앞에 높고 넓고 무한한 가능성이 펼쳐져 있다는 믿음만은 잃지 않았다.

10만 원의 돈을 길에서 잃어버린 사람이 있고, 그 돈을 주운 사람이 있다고 가정하자. 돈을 주운 사람의 기쁨보다 돈을 잃어버린 사람의 슬픔이 심리적으로 훨씬 크게 작용하는 법이다. 그만큼 사람들은 즐거움이 주는 자극보다는 슬픔이 주는 자극 쪽에 치우치기 쉽다. 깊은 사랑이 세상에서 많은 일을 해내는 에너지가 되기도 하지만 개인적 슬픔이나 사사로운 분노도 더러는 큰 에너지가 된다는 사실을 깨달았다. 인생에 대한 훈련은 그렇게 시작되었다.

나의 부친은 대학을 졸업하기까지 내게 투자한 비용이 7천만 원이라고 주장하시며 나의 영원한 채권자라고 자임하신다.

아버지는 내가 어떤 선택을 하든 넌지시 두 가지만을 확인한다.

"앞으로 가능성이 있느냐? 재미있을 것 같으냐?"

미래의 가능성과 몰두하고 미칠 수 있는 재미! 어느덧 이 두 가지는 내 선택의 기준이 되었다.

나는 대부분의 학과 친구들이 준비하는 공인회계사를 준비하는 모임에 들어갔다가 2주 만에 그만두고 나왔다. 공부를 해보니 이건 내가 갈 길이 아니라는 판단이 서게 되었다. 만류하는 친구들에게 나는 말했다.

"공인회계사는 답이 있는 학문 같다. 답이 있는 학문에는 내가 적응력이 없다. 나는 그 분야에 진출하고 싶지 않다."

그러나 대기업 3사에 보기 좋게 떨어졌으니 체면이 서지 않았다. 그 당시에는 시험보다 추천서가 당락에 많은 영향을 끼쳤다. 나는 서너 개 정도의 추천서를 가지고 있었다. 그러나 모든 것이 무용지물이 되었다.

그러던 어느 날, 교내 학생게시판에 경영컨설팅 회사인 액센츄어(전 앤더슨 컨설팅Andersen Consulting)에서 직원을 뽑는다는 공고가 붙었다. 그것을 보고 스승인 전준수 교수를 찾아가 상담을 했다. 전 교수님은 나에게 맞는 일이라며 흔쾌히 추천을 해주었다. 경쟁률이 100대 1로 치열했지만 다행히 다섯 명의 동기와 함께 액센츄어에 입사할 수 있었다.

대부분의 친구들은 대기업에 진출했지만 나는 그때부터 인생의 훈련이 좀 남달랐다고 할 수 있다. 그 당시 액센츄어는 경영 컨설팅 회사 중에서 가장 규모가 컸다.

액센츄어에서의 생활은 재미있었다. 나는 쉬는 날도 없이 일주일 내내 일했다. 아예 회사에서 살았다는 표현이 더 어울릴 것이다. 휴일에 회사에 나오면 놀 거리들이 많았다. PC가 있고 읽을 자료가 있고 자료실에는 선배 컨설턴트들이 작업했던 노하우의 흔적이 있었다.

그렇게 2년을 보냈다.

당시의 액센츄어는 정보기술 컨설팅에 강한 회사였다. 하지만 나는 경영 전략이나 마케팅 전략 분야에 관심이 더 많았다. 대학교 때 나는 마케팅 관련 전공과목을 한 학기에 네 과목이나 들었을 만큼 재미있어 했다.

그러던 차에 베인 앤 컴퍼니라는 회사로부터 아주 좋은 조건으로 스카우트 제의가 들어왔다. 베인은 당시로서는 기업 전략 컨설팅에 매우 강한 회사였다. 망설일 이유가 없었다.

스카우트 제의를 받은 터라 조금은 여유 있게 인터뷰에 응했다. 그런데 이게 웬일인가. 족히 200대 1은 될 듯한 경쟁이었다. 나중에 안 사실이지만 당시 입사 지원을 한 사람들 가운데는 'Top 10 MBA' 출신들도 상당수 있었다고 한다. 사실 별 기대를 하기 어려운 상황이었다. 그런데 바늘구멍 같은 경쟁률을 뚫고 베인 앤 컴퍼니에 채용이 결정되었다.

당시 나를 인터뷰했던 매니저는 나를 선택한 이유를 이렇게 말했다.

"눈빛이 살아 있었다."

컨설턴트 중에는 현상을 냉철하게 객관적으로 바라보아야 하는 전문가의 속성이 지나쳐 일에 대해 거리감을 둔 채 발을 절반만 담그고 일하려는 사람들이 있는데 내게서는 문제를 냉철하게 바라보려는 눈빛과, 몸을 던져서 일할 것 같은 열정이 읽혀졌다고 한다.

액센츄어에서 근무할 때 처음부터 프로젝트를 맡을 수는 없었다. 교육을 받고 그 후에 IT와 관련한 프로젝트를 맡게 되었다. 여러 전문 분야의 관련자들과 팀을 이루어 일했다. 그것을 조금 하다가 전산 관련 방법론 프로그램을 개발해주는 프로젝트를 맡아 관련 세일즈를 했다.

나는 대학생 후배들에게 취업 관련 특강을 할 때 이 말을 꼭 한다. "크게 무엇을 잘 하려고 하지 말고 두 가지라도 제대로 해라. 전화 제대로 받고, 복사 제대로 잘해라."

사실 액센츄어에서 내가 가장 잘하는 일 중의 하나가 복사 업무였다. 그 당시 액센츄어에는 1억 원짜리와 2억 원짜리 복사기가 두 대 있었다. 19년 전이지만 복사를 하면 제본까지 다 돼서 나오는 복사기였다. 나는 그 복사기를 능숙하게 다루고 밤새워가며 바인딩을 이삼백 개씩 할 수 있는 능력이 있었다. 물론 훈련의 결과였다. 내가 앤더슨을 떠난다고 했을 때 누구한테 이 일을 맡겨야 하나 걱정이라는 농담 섞인 말을 들을 정도였다.

사회 초년병으로서 우리들은 훈련이 필요하다. 그러나 무엇보다도 세상에 맞서는 법을 배우는 일은 우리 가슴 속에서 시작됨을 잊지 말아야 한다.

나만의 경쟁력을 찾아라

맥킨지 앤 컴퍼니McKinsey & Company라는 다국적 경영컨설팅 회사가 있다. 미국의 경제학자이자 공인회계사인 제임스 매킨지James McKinsey가 1926년에 설립했다.

맥킨지는 경영전략 컨설팅 회사라기보다는 일종의 '철학 비즈니스'를 하는 회사라고 생각한다. 가설을 수립하고 그것을 검증해 내고 비즈니스에 적용하기 때문이다. 베인 앤 컴퍼니는 맥킨지 멤버였다가 독립한 빌 베인이란 분이 세운 회사다.

내가 베인에서 일할 때만 하더라도 맥킨지가 한국시장을 장악하고 있었다. 최근에는 한국시장에서 이 판도가 뒤집어졌다. 4~5년 전부터 지명도나 브랜드파워, 매출에서 맥킨지보다 베인이 더 좋다는 것이 일반적인 평가다. 우리나라의 경우 베인에는 전문가들만 해도 지금 약 100명이 넘는 것으로 알고 있다.

나는 1993년 초에 베인 앤 컴퍼니에 합류했다. 베인에서도 액센츄어에서와 마찬가지로 거의 휴일 없이 일했다. 나는 여기서 2년 10개월 정도 근무했다. 전략과 마케팅 관련 업무를 했다.

액센츄어와 베인 모두 보스턴에서 교육을 받았다. 액센츄어에는 학부출신의 우수한 자원들이 많았다. 서울대 경영학과에서 수석을 한 인물이 입사하는 등 뛰어난 인재가 많았다. 베인은 거의 톱 클래스의 MBA 출신들로 가득했다. 학부 출신으로는 내가 처음이자 마지막으로 입사한 사람이었다.

액센츄어에서 일에 빠져 열정적으로 일하는 즐거움을 알게 되었다면 베인에서 내가 얻은 것은 문제를 해결하는 능력 즉 시스템적 사고였다. 두 회사에서의 경험은 내게 앞으로 살아나가는 동안 부딪힐 모든 문제 해결의 기본 틀을 제공해준 셈이다.

컨설턴트는 문제 해결자 Problem Solver다. 컨설팅은 문제를 찾아내고 그것에 대한 대안을 마련하고 그중에서 최적의 대안들을 선택하는 일련의 과정이다. 그렇다면 컨설턴트는 그러한 과정을 통해 얻어진 대안들을 잘 정리해서 고객에게 설명하는 의사전달자라고도 할 수 있다.

건설이나 엔지니어링, 중장비 등 기간산업의 시장이나 기업능력 분석 등이 주요 업무였는데 정확한 컨설팅을 하자면 생산시설 등에 관련된 전문 지식에 관해서도 알아야만 했다. 베인에서의 일도 자신이 노력한 만큼 성장할 수 있는 여건이 충분히 보장되었지만 결국 나의 관심 분야 즉 내가 경쟁력을 갖고자 하는 것은 마케팅 쪽이었다.

내가 마음속에 그리고 있는 기업가 이미지에는 일과 자유라는 서로 상반된 가치가 함께 녹아 있었다. 일과 자유!

'열심히 일하는 사람은 자유롭다.'

이러한 어린 시절의 꿈은 아직도 내게 유효하다. 베인 앤 컴퍼니에서의 2년이 넘는 기간 동안 나는 컨설팅에 대해 많은 것을 배웠고 또 많은 일을 경험했다. 그것은 한 마디로 전체를 조감하는 능력이라고 요약할 수 있을 것이다.

나는 늘 10년 후쯤의 나는 어떤 상황일까, 나 차태진은 10년 후 어떤 고유한 경쟁력을 가질 수 있는가를 생각하며 앞길을 정한다.

문제를 해결하는 과정은 하나의 게임과 같다. 게임에서 이기려면 게임의 룰을 가장 빠른 시간 내에 습득하는 것이 유리하다. 게임에서 이기는 일반적인 법칙이란 없다. 자신이 가장 자신 있는 방법으로 전략을 짜는 것이 가장 빠른 지름길이다. 단, 게임이 끝날 때까지 긴장을 늦추지 않고 목표에서 눈을 떼지 말아야 함은 물론이다.

스웨덴 사람들은 자신이 두 번째로 좋아하는 일을 직업으로 선택하고 첫 번째로 선호하는 일은 취미로 즐긴다고 한다. 그 말에 전적으로 동감하며 나를 돌아보았다.

내가 첫 번째로 좋아하는 것은 일.

내가 두 번째로 좋아하는 것도 일.

이런 상태를 사람들은 흔히 '일 중독'이라고 한다. 나는 일에서 오는 중압감과 고통까지도 은근히 즐기는 편이다. 새로운 일과 맞닥뜨렸을 때 몸에서 새로운 기운이 분출되는 것을 느낀다.

과거 우리나라에서 대학을 나온 젊은이들 대부분의 꿈은 대기업에 들어가 직장을 위해 분골쇄신하며 충성을 다하고 그 대가로 상대적으로 남보다 많은 연소득과 안정된 직책을 얻는 것이었다. 그런 안주형이 내게는 체질적으로 맞지 않았다. 자유로우면서 능력에 따라 대가가 주어지는 일, 무엇보다 내가 지속적으로 관심을 가질 수 있고 즐길 수 있는 일을 만나면 나는 일에 '빠지고 마는' 유형이다.

일단 일에 몰두하기 시작하면 나는 나만의 판을 짜기 시작한다.

목표를 정하고 룰을 익히고 전략을 세운다. 그리고 목표에 도달할 때까지 한 순간도 긴장을 늦추지 않기 위해 노력한다.

내가 싫어하는 말 중 하나는 '그냥 열심히 한다'는 말이다.

"그냥? 무엇을? 어떻게? 왜?"

아마 "그냥 열심히 하다 보면……."이라는 말 속에는 상대적으로 결과보다 과정이 중요하다는 뜻이 내포되어 있을 것이다. 하지만 나는 결과와 과정 둘 다 중요하다고 생각한다.

결과를 염두에 두고 과정을 진행시키되 과정 하나하나에 최선을 다할 때 그 세부 과정이 모여서 아주 자연스럽게 최초에 목표했던 결과가 나오게 되는 것이 아닐까.

일반적으로 컨설팅을 타이밍의 예술이라고 한다. 얼마나 적절한 시기에 적절한 대안을 적용시킬 것인가가 관건이다. 절묘하게 타이밍을 읽어내는 능력, 그것은 동물적 감각에 가깝다. 타고난 감각도 필요하지만 그만큼 상황과 맞물려 긴장을 유지해야만 발휘할 수 있는 능력이기도 하다.

에이전트의 길을 알고 나서 나는 주저하지 않았다. 그곳에서 나만의 확고한 경쟁력을 찾을 수 있을 거라는 생각이 들었다. 그렇게 나는 안정된 직장을 과감히 뒤로 하고 새로운 세계에 뛰어 들게 되었다.

프로세일즈맨으로 가는 첫 걸음

훈련 받지 않은 사회 초년병들은 생존 그 자체를 보장할 수 없는 사회다. 대학을 막 졸업한 사람이든 직장에 들어가 정신없이 신입사원으로서 훈련의 과정을 겪는 사람이든 생존을 위한 자신만의 경쟁력을 필사적으로 찾아야 한다.

내게는 대학 때 영향을 받은 두 분의 교수님이 계셨다. 경영학과 전준수 교수와 마케팅 분야의 하영원 교수이다. 전준수 교수는 SK그룹에서 임원으로 계시다가 교수로 부임한 분이었다. 전준수 교수는 대기업 출신으로 실물 경제에 밝고 세일즈 마인드와 세일즈 파워가 상당히 강한 분으로서 내게 절대적인 영향을 끼쳤다.

하영원 교수에게는 다섯 과목을 수강했는데 나는 전과목을 A플러스를 받았을 정도로 수업에 몰두했다. 하 교수는 주로 마케팅에 관련된 케이스 스터디를 다뤘는데, 마케팅 분야에서 실전에 사용되는 학문적인 고찰과 연구를 많이 한 분이셨다. 두 교수님들은 내게 있어서 커리어와 프로페셔널한 세일즈 역량을 키우는 데 상당한 도움을 주신 분들이다.

경험에 비추어 볼 때 내게는 바람직한 직장 상사를 판단하는 두 가지 기준이 있다. 첫째, 직장 상사가 주어진 일에 대해 전문가인가 아닌가를 판단한다. 둘째, 직장 상사가 정말 인간적인 사람인가 아닌가를 판단한다. 물론 전문가일 뿐만 아니라 인간적인 상사라면 더 바랄 게 없다.

액센츄어에 입사했을 당시에는 양복 차림에 하얀 양말을 신고 다니는 직원들이 많았다. 나 또한 예외는 아니었다. 문화 수준이 높아진 지금은 상상하기 어렵지만 당시에는 흔한 일이었다. 어느 날, 한 직장 상사가 내게 함께 갈 곳이 있다고 불렀다. 그와 함께 간 곳은 남대문 시장이었다. 그는 내게 검은 양말 열 켤레를 사주며 말했다.

"앞으로 하얀 양말을 신으면 당신, 해고야!"

양복에 하얀 양말은 결코 조화로울 수 없다. 조화와 부조화를 일깨워준 그가 그렇게 고마울 수 없었다. 아울러 직접 시장까지 끌고 가 양말을 사주던 자상함에 나는 감복했다. 물론 그 다음부터 양말뿐만 아니라 세일즈맨으로서 부조화를 이루는 복장을 전체적으로 점검해서 고쳤음은 물론이다.

액센츄어에서는 그 밖에도 프로젝트 매니저들에게 많은 것을 배웠다. 그들은 일반적인 기업에 다니는 사람들보다 집중력이 두세 배 정도 뛰어날 만큼 개인의 역량과 하드 워커의 기질을 가지고 있었다. 그러다 보니 서로 많은 것을 배우게 되었다. 특히 조영천이라는 직장 상사는 스스로를 매우 객관적이고 과학적으로 훈련시켜야 한다는 동기를 제공한 사람이다. 그는 당시에 프로젝트를 총괄하는 매니저였는데 그와 일을 진행하면서 많이 배워 내게는 그가 마치 신처럼 보일 때가 있었다.

베인에서도 잘 훈련된 프로들이 즐비했다. 그중에서 두 사람의 상사가 특히 기억에 남는다. 박철준 현재 대표의 경우 서울대를 나오고 MBA학위를 가지고 있는 재원이었다. 그는 엄청나게 빡빡하고 드라이하게 일을 추진했는데 공적인 면에서는 선이 아주 분명한 사람이었다. 나는 지금도 애매하고 불분명한 것보다는 구체적이고 분명한 것이 아름답다고 믿는 쪽이다. 그의 업무 스타일이 은연중에 나의 스타일로 흡입되었는지도 모르겠다.

호주 사무실에서 파견되어 온 올리버는 하버드 MBA 스쿨을 수석으로 졸업한 사람으로서 나의 매니저였다. 올리버는 역량도 뛰어나지만 체력이 거의 천하장사여서 나를 깜짝 놀라게 했다. 현재도 나는 아직 역량이 부족한 사람이지만, 그 시절 네 시간씩 자면서 일하는 그 외국인 상사를 지켜보면서 자괴감을 느낄 수밖에 없었다. 심지어 그는 점심을 먹는 경우조차 드물었다. 시간이 아깝다는 것이 그 이유였다. 하여 우리들은 그에게 햄버거를 사다 주기 시작했는데, 그 때마다 그가 웬디스 Wendy's 햄버거를 사달라고 해서 생긴 별명이 '웬디스 플리즈 Wendy's Please'였다.

나는 일을 열심히 하는 것이 중요하다고 생각한다. 그동안의 경험을 돌아보면 특정 분야에서 성공하기 위해서는 타고난 자질과 역량이 반 정도씩 작용한다고 생각한다. 예외적인 천재를 제외한다면 천부적으로 가지고 있는 개인적 자질은 대개 비슷한 법이다. 그렇다면 역량을 개발하고자 하는 본인의 노력이 성공을 좌우하게 마련이다.

따라서 얼마나 그 일에 집중을 하느냐가 중요하다. 성공하기 위해서는 단기적으로 그 일에 모든 에너지를 집중하고 소진해야만 가능하다. 10년 동안 똑같은 에너지를 평균적으로 소진하는 것보다는 1~2년 안에 집중해서 투자하는 것이 좋다. 요즘 후배들 중에는 열심히 하는 것보다 스마트하게 일하는 게 좋다고 생각하는 사람이 적지 않다.

그러나 나는 두 가지 모두를 요구하는 스타일이다. 스마트하게 일하면서도 열심히 일해 달라고 요청한다. 물론 기본적으로 나는 열심히 일하는 사람이 좋다. 나 또한 그런 사람이 되고자 노력하고 있다. 여가 시간이 많다고 알려진 미국과 같은 선진국에도 새벽 4~5시부터 일하는 사람이 많고 우리가 생각하는 것보다 훨씬 일 중독자들이 많다. 1인당 국민소득이 이제 2만 달러를 갓 넘은 우리 실정에서 고소득 전문가들이 열심히 일하기를 기피하고 스마트하게 일하는 게 프로라고 생각하는 경향은 우려할 요소가 있다. 자기 분야에서 어떤 수준에 도달하기 위해서는 그에 적합한 대가를 반드시 치러야 한다는 얘기다. 세상에 행운이라는 것은 없기 때문이다.

경영 컨설팅 전문 회사인 베인 앤 컴퍼니에서 3년 차에 들어서면서 나는 주변을 냉철한 시각으로 돌아보았다. 베인에서의 궁극적인 목표는 회사의 파트너가 되는 것이다. 내가 기업의 파트너가 될 확률을 따져보자 승산은 고작 10~20퍼센트 정도였다.

확률을 낮게 생각했던 첫 번째 이유는 내가 MBA학위를 가지고 있지 않았다는 사실이다. 학벌을 떠나 전문가로서의 자격증을 요구하는 현실적인 문제가 엄연히 존재했다. 컨설팅이라는 특수한 분야를 감안할 때 내가 최소한 MBA 학위를 취득해야 경쟁 선상에서 공평해지는 것이다.

두 번째 이유는 영어에서 오는 한계였다. 주변에 영어를 잘하는 사람이 너무나 많았다. 컨설팅 회사에서 영어라는 의미는 어찌 보면 절에서 스님이 목탁을 두드리면서 불경을 외울 수 있느냐 없느냐의 문제였다. 영어는 절대적인 글로벌 커뮤니케이션 수단인 것이다.

세 번째 이유는 집안 배경이었다. 당시 파트너가 될 만한 사람들의 집안 배경은 최상위 클래스를 유지하고 있었다. 나의 직장 후배 중에는 모 대기업 오너의 아들도 있었다. 그러한 배경은 나중에 큰 프로젝트를 수주할 때 현실적으로 영향을 미친다.

때문에 나는 베인의 파트너가 되기는 어렵겠다는 판단에 이르렀다. 경쟁에서 역량을 키워 열심히 일하는 것은 자신이 있었다. 그러나 내가 취해야 할 조건들은 경쟁력 그 자체가 아니었다.

나는 다시 두 가지 현실적인 길을 놓고 고민에 빠졌다. 첫 번째 길은 실제로 MBA를 취득하러 가는 것이었다. 두 번째 길은 절친한 선배가 제안한 동업 요청이었다. 나는 선배에게 현재의 직장에서 연봉은 많이 받지만 모아놓은 돈은 없다고 말했다. 그러자 선배가 말했다.

"너는 기획력이 있잖아. 회사 지분을 많이 줄 테니까 몸만 오면 돼."

성공하는 사람들에게는 통찰력이 있다는 말이 있다. 미래에셋 박현주 회장도 그런 인물 중에 한 명일 것이다. 투자정보와 능력에 대해 비결을 묻자 그는 망설이지 않고 이렇게 대답 했다고 한다.

"신문에 모든 정보가 들어 있습니다. 다른 사람에게는 보이지 않지만 저에게는 그게 보일 뿐이지요."

고민에 빠져 있을 무렵 나는 생명보험회사인 푸르덴셜을 알게 되었다. 호기심을 갖고 바로 행동을 취했다. 2주 정도 기간의 직무설명회에 직접 가서 설명을 들었다. 재무 설계사는 어떤 비전이 있나 확인하기 위해서였다. 남들이 보지 못하는 것을 내가 볼 수 있다면 성공의 요인으로 작용할 수 있을지도 모를 일이었다.

결국 두 번째 길보다 세 번째 길이 나한테 더 맞겠다는 판단이 섰다. 정보가 있다면 그 정보에 대한 검색 능력도 필요한 법이다. 그래서 나는 액센츄어와 베인의 외국에 있는 동기들에게 이메일을 보냈다. 보험 회사인 푸르덴셜에서 영업 에이전트 제의를 받았는데 어떻게 생각하느냐고 물었다. 그 동기들의 반응은 크게 두 가지였다. 하나는 앞으로 비전이 있다는 것과 또 하는 컨설턴트보다 더 고소득 직종이라는 얘기였다. 미국에 있는 친구들이 보내준 메일을 보며 나는 안심했다.

그러나 한국에 있는 친구들 중에는 단 한 명도 긍정적인 신호를 보내는 사람이 없었다. 그 당시 보험시장은 낙후되어 있고 혼탁한 것이 사실이었으나 푸르덴셜이란 기업은 아주 좋은 문화와 시스템 그리고 훌륭한 인재를 가지고 있었다.

세일즈에는 협의의 세일즈와 광의의 세일즈가 있다. 협의의 세일즈는 구체적으로 상품이나 서비스를 누군가에게 판매하여 커미션을 받는 것이다. 그러나 나는 그것보다 좀 더 넓게 생각하고 싶었다. 톰 홉킨스의 『굿 세일즈』라는 책을 본 적이 있다. 그 책에 보면 이런 말이 나온다. "사실 모든 사람들이 세일즈를 한다. 정치인도, 변호사도, 의사도 세일즈를 하는데 왜 세일즈맨만 세일즈를 한다고 생각하는가. 정치인은 비전을 세일즈 하는 것이고, 변호사는 법률적 서비스를 세일즈 하는 것이고, 의사는 의학적 경험을 세일즈 하는 것인데 굳이 우리가 구체적으로 물건을 팔거나 서비스를 판매하는 사람만 세일즈를 한다고 생각할 필요가 있는가."

이런 관점에서 보면 내가 액센츄어나 베인에 근무할 때 수행한 컨설팅이란 일도 사실은 세일즈인 셈이었다. 어쨌든 푸르덴셜로 향하는 발걸음에 이런 판단과 아울러 주위의 반대가 틀렸다는 것을 내가 증명하고 말겠다는 오기도 함께 작동했다. 그렇게 나는 보험 세일즈 업계로 첫 발을 내디뎠다.

Champion Dictionary

MDRT
백만불 원탁회의. 전세계 보험금융업계 최고의 명예의 전당. 에이전트가 평생을 통해 배우는 구도자의 과정이라고 한다면 1/3을 회사의 교육시스템으로부터, 1/3은 현장에서 고객들로부터 그리고 나머지 1/3은 MDRT 연차회의에서라고 한다. 필자의 생각으로는 50퍼센트 정도가 MDRT 참가에서 배우는 것 같다. 참가자격을 획득하고 가서 보고 느껴보라. 보험금융인으로서 긍지에 가득 찬 자신의 모습에 스스로도 놀라움을 금치 못할 것이다.

꿈
간절히 갈구하며 이루고자 하는 좋은 그 무엇. 꿈을 갖고 있어도 원하는 것이 모두 이루어지는 경우는 드물지만 자신이 꿈꾸지 않고 원하지 않았는데 이루게 되는 경우도 전무하다. 우리의 미래 모습은 우리가 현재 어떤 꿈을 갖고 있느냐에 전적으로 달려 있다고 볼수 있다.

만족/감동
고객이 기대하고 있는 것보다 약간, 조금 더 무엇인가가 충족되었을 때 고객이 갖게 되는 심리적 상태. 고객이 사소한 것에 감동한다는 것을 알게 되는 것보다 더 어려운 것은 고객이 진정 원하고 있는 것이 무엇인가를 아는 일이다.

지속성
한 분야에서 이룩한 탁월함보다 더 어려운 일. 탁월한 상태를 계속해서 해내는 위대한 상태. '스타는 사라지고 독종만 남는다'라는 비즈니스계의 경구를 귀담아 들을 필요가 있는데 이는 찰나의 탁월함보다는 일정수준 이상의 성과를 지속시키는 것이 더 많은 기회와 이익을 보장 받을 수 있다는 사실이 현실임에 기인한다.

직업

스웨덴 사람들은 자신이 두 번째로 좋아하는 일을 직업으로 선택한다고 한다. 첫 번째로 선호하는 일은 취미로 즐긴다나. 자신이 좋아하는 것을 선택하면 힘들이지 않고 일을 즐길수 있다. 단, 해당분야에서 괄목한 성과를 내기 위해서는 자신이 잘 할 수 있는 분야가 무엇인가에 대해 진지하게 고민해 보아야 한다.

팀 Team

혼자서 하는 것보다 여럿이 하면 좀더 나아진다는 시스템 이론에 입각하여 구성하고 있는 세일즈 조직의 구성단위. 6~10명 정도로 구성된다. 나이, 전직, 에이전트로서의 경력, 취미, 성향이 다른 이들이 모여 생명보험사업이라는 공통된 주제를 가지고 함께 고민한다는 사실이 흥미롭다. 개인 사업가적 기질을 가지고 있는 에이전트들에게도 팀의 역할은 대단히 중요한데 그 이유는 팀으로부터 모든 에이전트가 영향을 주고받으며 동기부여를 받기 때문이다.

활동량 Activity

새벽부터 밤늦게까지 고객을 만나기 위해 준비하거나 상담하는 일의 양. 농업적 근면성의 정도에 비례하며 모든 성공인들의 주춧돌. 경상도 말로 "하는 놈 한테는 못 당한다."의 '하는'에 해당함. 미국의 MDRT회원 중에 톱 클래스는 새벽 6시부터 일에 몰두하는 이들이 많다. 우리가 알고 있는 것처럼 주말을 완전히 쉬는 사람은 실제로 많지 않다. 영업 분야에서 성공하고 싶으면 새벽부터 밤늦게까지 때론 주말도 반납할 마음의 준비가 되어 있어야 한다.

Strategy 2

톱 세일즈맨이 갖춰야 할 세 가지 요소

● **훈련하라**

야전사령관에게서 느껴지는 엄격한 훈련의 강도를 몸소 체험해 보라. 훈련받지 않은 세일즈맨은 생존 그 자체를 보장할 수 없다.

● **연기하라**

자신의 기분과는 관계없이 고객의 입장에서 자신을 포장할 줄 알아야 한다. 포커 판에서만 포커페이스가 필요한 것이 아니다. 큰 계약을 체결할 때도 의연하고 여유 있게 대처하라.

● **속삭여라**

고객들 마음속에 있는 잠재적 구매동기를 끄집어내서 이를 계약과 연계시켜라. 세일즈맨 스스로가 필요 없다고 생각하면 니즈가 있는 고객도 등을 돌릴 것이다.

훈련받은 숙련인 _ Trainee

조선일보에서 발행하는 여성지 《필》의 지유희 기자를 상담차 만난 적이 있다. 계약서에 사인을 하고 나더니 그녀는 지나가듯 말했다.

"차태진 씨, 당신은 다른 사람과 다르게 오버하지 않는군요."

기자다운 통찰력으로 짧은 순간에 나의 장점과 단점을 간파한 말이다.

일상생활의 상식이지만, 첫인상이 승패를 좌우한다. 보험 세일즈에서도 그 진리가 통한다. 조사에 의하면 고객의 98퍼센트가 세일즈맨의 외모를 통해 그 사람의 이미지를 형성한다고 한다. 당연히 나도 나만의 이미지를 가지려고 노력한다.

때문에 나는 자주 거울을 본다. 솔직히 말해서 나는 정감 있어 보이는 인상은 아니다. 그런 내가 만일 고객에게 감성에만 호소하려 든다면 역효과가 날 것이다.

세일즈 방법에는 감성적 소구와 이성적 소구가 있다. 물론 황금률은 '논리적으로 설명하되 감정에 호소하라'이다. 내가 알고 있는 톱 프로세일즈맨들은 특히 살아 있는 감정적 임팩트에 강하다.

그렇다면 나의 경쟁력은 무엇일까?

어차피 보험 영업을 하자면 '죽음'과 '가족사랑'에 대해 얘기해야 한다. 푸르덴셜에서 근무하던 시절, 나의 약점은 내가 아직 미혼이고 나이가 어리며 이미지가 너무 강하다는 점이었다(물론 이 글을 쓰고 있는 지금 나도 인생에 있어서 최고의 세일즈라는 결혼에 성공했다).

결혼도 안 한 사람이 가족사랑에 대하여 얘기한다면 과연 설득력이 있었을까? 인생 연륜도 짧고 도무지 정감 있어 보이지 않는 사람이 죽음이란 주제에 대해 얘기한다면 고객에게 감정의 변화가 생길까?

중이 제 머리 못 깎는다는 속담을 전형적으로 보여주기라도 하듯 미혼이었던 시절에 내 자신의 결혼은 미뤄둔 채 나는 몇 건의 중매를 성사시켰다. 또 퇴직이 취직보다 일반화되어 있던 IMF의 와중에 대여섯 건의 취업을 좋은 조건으로 주선했다.

그럴 수 있었던 이유는 딱 하나였다. 내가 구축하고 있는 네트워크 덕분이었다.

내 고객 중 오랜 기간의 노력으로 큰 계약까지 이어진 손희걸이라는 분이 있었다. 대구에서 섬유업을 크게 하는 사업가인데 계약이 끝나고 일상적인 대화를 나누던 중에 수출입을 하다 겪는 외환문제가 가장 큰 골칫거리라는 정보를 얻게 됐다. 그때는 IMF 초기라서 환율이 한치 앞을 내다볼 수 없는 상황이었다.

마침 서울에 내가 알고 있는 외환관리 전문회사가 있었다. 그리 친분이 있던 처지는 아니어서 그 회사에 전화를 걸어 자료를 보내달라 요청하고 또 다른 루트를 통해 회사의 능력을 검증해 보았다. 꽤 신뢰할 만한 회사라는 평가가 나왔다. 손 부사장에게 전화를 걸었다.

"부사장님 이런 회사가 있는데 그 회사에 외환관리를 맡겨보시면 어떻겠습니까? 물론 판단은 부사장님이 내리시지요."

여기까지가 내가 한 역할의 전부다. 한참 지나서 손 부사장을 만났다. 내가 알려 주었던 회사와 계약을 체결하고 나서 6개월 동안 그 회사에서 권유한 방식대로 했더니 이익이 8천만 원 이상 발생했다고 말했다.

그런 말을 들을 때 나는 보람을 느낀다. 나는 전문성이 있는 곳이 어디인가를 알려주었을 뿐이다. 그것이 에이전트로서 고객에게 내 방식대로 제공하는 서비스의 핵심이다.

물론 나 혼자 완벽한 재정 컨설턴트의 역할을 하기에는 무리가 있지만 대부분의 문제는 각계의 전문가인 고객들의 네트워킹을 통해 해결할 수 있다. 내가 궁극적으로 지향하는 네트워커로서의 에이전트의 모습이다. 나는 이 네트워크를 통해 고객들에게 전문적인 정보를 제공한다. 고객들이 원하는 것도 궁극적으로는 정보다.

점점 다양해지는 현대사회에서 어느 한 분야의 전문가가 다른 분야에 대해서는 전혀 모르는 경우가 많고 실제로 문제는 대부분 그런 영역에서 발생한다. 내가 잘 모르는 분야의 문제는 그 분야의 전문가에게 맡겨야 한다. 대신 그 정보를 어디에서 얻을 수 있는가를 알고 있어야 문제 해결이 가능하다.

내가 가진 장점을 최대한 살려 정직하게 승부하는 것이 내 스타일이다. 합리성과 자신감을 통한 신뢰의 확보, 이것이 내가 세운 전략이었다. 그렇다면 이성적 소구의 방법을 최대한 확장시켜야 했다.

나는 고객과 만날 때 음울한 주제인 죽음에 대해 일상대화처럼 담담하고 가볍게 말한다. 그러나 죽음 후 가족이 겪게 될 어려움에 대하여 말하지 않는다.

나는 우선 생활 문제로 이야기를 시작해서 고객의 포트폴리오에 대하여 말한다. 그런 다음 "당신의 몸값 정도가 되면 안전판으로 몸에 무언가를 하나쯤은 걸치고 있어야 한다."라고 말한다. 마치 자동차의 안전띠나 에어백처럼.

이성적 소구를 통해 고객의 합리적 니즈에 다가가는 것이다. 물론 그것은 체계적이고 논리적이며 자신감에 차 있어야 한다.

고객은 놀라운 후각을 가지고 있다. 따라서 승패는 에이전트 자신이 보험의 가치를 얼마나 확신하고 있는가에 달려 있다. 또한 얼마나 자신감에 차 있는가에 달려 있다. 이것이 고객의 합리적 니즈를 개발해야 하는 이유다.

지유희 기자가 간파한 내 단점이 장점으로 변하는 순간이다. 물론 나도 클로징을 할 때는 변형된 감성적 소구를 할 때가 있다. 이름하여 고객의 잠재적 두려움에 바탕 한 '협박 소구'다.

"그러다 무슨 일 나면 어쩌지요?"

또한 내가 '자존심 소구'라고 이름 붙인, 고객의 예민한 곳을 건드리는 방법도 활용한다.

"당신 몸값 정도 되는 주변 사람 중에 보험 안 든 사람 있던가요?"

하지만 내 방식의 가장 큰 가닥은 고객의 합리적 니즈에 호소하는 '이성적 소구'이다. 그런 면에서 나는 운이 좋았다. 왜냐하면 내가 만난 많은 고객들이 내가 가진 합리성과 정보를 제대로 읽어낼 수 있는 놀라운 후각을 가졌기 때문이다.

나의 정보취득 라인은 사람과 활자다. 내가 모르는 분야는 그것을 가장 잘 아는 사람을 찾아 알아내고 그 외에는 인터넷, 신문, 잡지 등을 읽어서 정보를 취득한다. 정보에 접근하는 데 있어 인터넷을 웹서핑하는 것보다 빠른 것은 자기가 필요로 하는 정보를 보유하고 있는 웹사이트 주소를 전문가에게 물어보는 것이다. 이것이 시간을 절약하는 동시에 가장 효율적인 방법이기도 하다.

고객에게 프로그램을 제안할 때 나는 이렇게 말한다.

"이 프로그램에 가입하는 것은 푸르덴셜을 사는 것이고, 저를 사는 것이며, 제가 구축한 네트워크를 아주 싼 값에 사는 것입니다."

나는 1998년 여름부터 〈LIFE PLANNER 차태진의 재테크 이야기〉라는 제호의 이메일 뉴스 서비스를 고객들에게 4년간 제공한 적이 있다. 매월 첫째, 셋째 토요일에 서비스를 제공했는데 내가 가지고 있는 네트워크를 활용하여 고객들에게 도움이 될 만한 금융정보를 기사 중심으로 엮어서 이메일 서비스를 했다.

이메일을 통해 주고받을 수 있는 인터넷 공간도 하나의 공동체다. 사람 사는 동네란 얘기다. 내가 정성을 다해 정보를 제공하면 그것을 필요로 하는 사람들이 모이고 그래서 서로의 신뢰가 생긴다. 너그럽게 나누며 사람들이 한 단계 성장하게 되는 희망의 네트워크가 될 수 있다면 더 바랄 것이 없겠다. 그런 의미에서 최근에 『차태진의 세일즈 읽기』라는 블로그(www.salescha.com)를 오픈하여 일기장 형태의 정보창을 통해 영업맨들과 소통하고 있다.

지금은 대표지점장이 되어 고객에게 직접 정보를 전달하지는 않지만 예전에는 4~5명 정도를 호텔로 모셔서 그분들의 친목 모임을 주선하곤 했다. 의사나 변호사나 사업가들을 연결해 준 것이다. 비슷한 연배로서 공감대를 형성할 수 있는 자리를 만들어 주기도 했다.

어쨌거나 세일즈맨은 스스로의 역량을 가늠해보는 것이 중요하다. 나의 경우 전체 역량 중에서 프레젠테이션에 관한 준비나 진행이 다른 사람들보다 강하다고 생각한다. 여기에는 컨설팅 회사에 있었을 때나 대학에 다닐 때 매진했던 케이스 스터디가 많은 도움이 되었다.

아울러 외국계 컨설팅 회사에서 근무했다는 것은 내게 행운이 아닐 수 없다. 업무의 특성상 논리성이 강해야 했기 때문이다. 우리는 머리가 좋은 사람들이 성과를 내지 못하는 경우를 자주 본다. 머리를 믿고 몸으로 부딪치지 않기 때문이다. 우둔하리만큼 몸으로 부딪쳐야만 프로세일즈맨으로 거듭날 수 있다는 게 내 생각이다. 더불어 이를 바탕으로 고객의 합리적 니즈에 소구할 수 있어야 프로세일즈맨으로 거듭날 수 있다는 게 내 생각이다.

푸르덴셜 입사 당시 '웰컴 파티Welcome Party' 후의 일이다. 푸르덴셜에서는 신입 에이전트들을 격려하는 뜻에서 입사 직전에 가족 동반 파티를 가진다. 나는 그때 내 인생의 귀인이라고 서슴없이 부르는 주영욱 선배를 모시고 갔다. 파티가 끝나자 주영욱 선배는 농담 반 진담 반 말했다.

"너 이 일 때려 쳐라!"

"예?"

"사람들이 다 집단 최면에 걸려 있는 것 같아."

물론 나는 정중히 선배의 조언을 거절했다. 그러자 선배의 경험담이 이어졌다. 딸을 낳자 갑자기 보험의 필요성을 절감하게 되었다면서 이것저것 알아본 결과 푸르덴셜 보험이 정답으로 나왔다는 것이다.

'보험의 가치＝무형의 가치!'

그때 나는 왜 선배들이 보험 세일즈가 가장 어렵다고 했는지 깨달았다.

세일즈는 가치가 전이되는 과정이다. 다른 세일즈의 경우 그 가치는 유형의 '제품' 속에 담겨져 있다. 반면 '보험' 세일즈의 경우 '무형'의 가치를 전달하는 것이다. 그것이 무형인 이유는 아직 발생하지 않은 고객의 위험에 대한 대책이기 때문이다. 그 무형의 가치를 어떻게 전달할 것인가.

내가 믿지 않는 가치를 어떻게 다른 사람에게 권하고 전달할 수 있겠는가.

선배의 눈에 웰컴 파티에 참석한 사람들이 집단 최면에 걸려 있는 것처럼 느껴졌다면 그것은 자신이 부여한 가치에 대한 확신의 열기가 아니었을까.

고객에게 가족 사랑의 가치를 전달하고 있다는 자부심이 필요하다. 그것이 곧 에이전트에게 요구되는 세일즈맨십과 프로페셔널리즘에 선행하는 최대의 자질인 에이전트십이다.

사실, 세일즈의 정상에 서있는 사람들 대부분이 실패의 경험을 많이 가지고 있다. 그런데 재미있는 것은 그들이 그러한 경험을 빨리 잊는다는 점이다. 아픈 기억을 계속 마음속에 가지고 있으면 참을 수 없는 스트레스가 되기 때문이다. 아무리 노력해도 궁합이 맞지 않아 계약이 안 되는 것은 어쩔 수 없는 일이다.

나는 푸르덴셜에서 4년 6개월 동안 근무했다. 아마도 내 세일즈 인생의 많은 것이 푸르덴셜에서 비롯됐다고 봐야 할 것이다. 푸르덴셜에서 기본적인 세일즈 콘셉트를 모두 배웠고 숭고한 정신으로 세일즈를 하는 조직에서 나 또한 그런 정신의 중요성을 배웠기 때문이다. 영업에서 이보다 더 뛰어난 것은 없다. 열정이나 숭고한 가치보다 더 뛰어난 스킬은 없다고 봐야 한다.

사막에서 일어날 수 있는 여러 가지 일들 중에 가장 큰 죄악은 무엇일까? 사막을 정기적으로 오가는 상인들과 사막이라곤 생전 본적이 없는 이방인들이 만났다. 이방인들이 "오아시스는 어디에 있느냐?"라고 상인들에게 물었다. 사막에 익숙한 상인들은 전혀 엉뚱한 곳을 알려주었다. 왜 그랬을까? 물을 공유하지 않기 위해서다.

물은 사막 생활에 있어서 생명 그 자체이다. 사막에서 오아시스가 있는 장소를 알고 있지만 다른 사람들과 그 정보를 나누지 않는 사람은 '사막의 죄악'을 범하는 것이라고 나는 생각한다.

제품이나 서비스를 구매하고 만족한 고객이 그것을 필요로 하는 다른 가망고객을 알면서도 알려주지 않을 때 그들은 사막의 죄의식을 갖는다.

나는 계약을 마친 고객에게 꼭 질문을 해 본다.

"선생님께서는 왜 생명보험에 가입하겠다고 생각하셨습니까?"

한결같은 그들의 대답은 '가족에 대한 배려'다. 우리나라 억대 연소득자들의 공통적인 특징 중의 하나가 가족 사랑이 남다르다고 하는 내용의 기사를 어느 잡지에선가 읽은 기억이 있다.

이것을 어떻게 해석해야 할까. 나눌 곳이 없는 성취는 허무하지만 기꺼이 나눔을 같이 하고 싶은 가족이 있으면 오히려 그 성취에 대한 욕구는 배가되는 것이 아닐까 생각한다.

가족은 나와 함께 삶과 죽음과 고통과 즐거움을 나누는 또 다른 나의 분신이다. 따라서 생명보험은 죽음에 대한 보상이 아니라 가족에 대한 사랑의 실천이다.

보험도 확률론에 근거하고 도박과 경마도 확률론에 근거하지만 보험의 가장 큰 가치는 이타성에 있다. 즉, 내가 아닌 내 가족을 위한 것이다. 그것이 바로 가족사랑의 실천이다.

생명보험, 그것은 가족사랑의 실천이다. 그런 생명보험의 강렬한 가치가 우리 고객들의 합리적인 니즈와 만난 것이다.

우리 사회도 변하고 있다. 그래서 나는 감히 말한다. 생명보험은 공동체적 연대감과 가족 사랑, 인간 사랑이 뒷받침된 인류가 만들어 낸 몇 안 되는 좋은 발명품이라고. 이것을 혼자만 알고 있는 것은 사막의 죄악이라고 나는 서슴없이 말할 수 있다.

훌륭한 연기자 _ Actor

비즈니스맨은 사소한 것에 목숨을 걸어야 한다. 프로비즈니스맨의 궁극적인 목표는 전문 경영인이다. 전문 경영인으로서 가지고 있는 장기적인 플랜을 구체화하기 위해서 무엇보다도 중요한 것은 실제적인 영업 현장에서의 경험과 단련이다.

물론 프로비즈니스맨으로서 갖추어야 할 첫 번째 자질은 전체를 아우를 수 있는 기획과 장단기 전략을 수립할 수 있는 능력일 것이다. 그러나 그에 못지않게 중요한 덕목은 그때 그 현장에서 피와 땀을 흘려야 얻을 수 있는 실제적인 경험과 훈련의 양이다.

체계적으로 전체를 구상할 수 있는 머리와 현장에서 흘려본 땀의 생생한 느낌, 이 두 가지를 고루 갖추어야 진정한 프로라고 할 수 있다. 내가 세일즈맨의 길을 선택한 이유 중 하나는 바로 현장에서 고객과 몸으로 부딪치며 문제를 해결하는 경험이야말로 내 장기적인 플랜에 절대적으로 필요하다고 생각했기 때문이었다.

국민배우 최불암은 〈인생은 연극이고, 인간은 배우라는 오래된 대사에 관하여〉라는 자서전에서 다음과 같은 내용을 소개하고 있다.

최불암은 일본에 끌려간 도예공과 그 가족의 이야기를 다룬 한일 합작 드라마를 만들기 위해 일본으로 향했다. 그는 도예공의 역할을 맡았다. 그런데 한국에서 공수된 옷들을 보니 모두 새 옷이었다. 일본에 끌려온 지 3년이 지난 도예공들은 여전히 조선에서 입던 옷을 그대로 입고 상투를 튼 채 살았다고 하는데 한국에서 보내온 의상이 모두 새 옷이라니.

그래서 최불암은 모든 일정을 취소하고 직접 황토를 구해 새 옷에 흙물을 들였다. 엄청난 스튜디오 임대비용과 지체된 일정에 따른 비용도 상당했지만 최불암은 끝까지 자신의 의견을 고집했다. 이러한 최불암의 집념이 없었다면 작품은 감동을 주기 어려웠을 것이다. 프로연기자인 최불암이 왜 국민배우로 추앙 받는지 알 수 있는 대목이다.

프로는 사소한 것 하나도 놓치지 않는, 현장에 강한 사람이어야 한다.

에이전트 역시 연기자다. 하나하나의 과정에서 고객을 감동시키기 위해서 그때마다 상황과 그에 맞는 구체적인 목표와 방향과 행동 계획을 가진 시나리오를 가져야 한다. 나는 에이전트가 된 이래 날마다 잠들기 전에 내일 어떤 고객을 만나 어떻게 일을 할 것인지 생각했다. 그리고 기분 좋게 계약서에 사인하는 모습을 그리며 잠을 청하곤 했다.

고객과 에이전트의 관계는 계약에 의하여 성립한다. 계약은 신의와 성실의 원칙에 입각해서 서로가 가진 가치를 교환하기 위한 가슴 떨리는 행위다. 그것이 가슴 떨리는 이유는 에이전트에게는 수입을 보장하는 실적이 되는 동시에 땀 흘려 노력한 결실이기 때문이다.

그런데 내 경험상 계약의 당사자인 고객과 에이전트는 계약의 구체적인 내용, 금전적 보상보다는 서로가 파트너를 잘 선정했다는 안도감을 느낄 때 전체 프로그램에 대하여 훨씬 만족한다. 즉, 사람에 대한 신뢰가 핵심이다. 완벽한 연기로 작품의 완성도를 높이는 연기자를 보고 사람들이 그의 연기에 박수를 보내고 그 배우에게 신뢰를 보내는 상황과 다를 바가 없다.

일반인 중에 상대성 이론을 제대로 이해하거나 설명할 수 있는 사람은 극소수에 불과하다. 그렇지만 그 이론을 의심하지 않는다. 왜냐하면 아인슈타인이라는 사람을 신뢰하고 물리학자를 믿기 때문이다.

신뢰의 속성은 두 가지다. 그 하나는 획득하기가 어렵다는 것이며, 두 번째는 시간이 지날수록 기하급수적으로 운동축이 변한다는 것이다. 그 운동축의 방향은 두 방향이다. 긍정적인 방향과 부정적인 방향. 그 방향은 세일즈맨의 태도에 달려 있다.

고객이 세일즈맨에게 원하는 것은 서비스다. 내가 아는 서비스는 그리 멀리 있는 것이 아니다.

만일 고객이 보험 하나를 들어 놓고 사정이 생겨 자동이체 계좌를 변경했는데 담당 세일즈맨에게 전화로 세 번 이상 통보를 했다고 치자. 그러나 한 달이 지났는데도 제대로 처리가 안되어서 보험료가 연체되었다면 고객은 당연히 화가 날 것이다. 설마 그런 세일즈맨이 있을까 하고 고개를 갸웃거리는 사람이 있을 수 있겠지만 아직도 우리 사회에선 그런 세일즈맨이 많다. 특히 실적에 대한 압박을 받으면서도 고객의 입장에 서기란 생각보다 쉽지 않다. 대한민국 국민 중에 실적을 위해 고객의 요구를 이리저리 피하는 세일즈맨을 한 번이라도 겪어보지 않은 사람은 드물 것이다. 강조하여 말하지만 서비스는 멀리 있는 것이 아니다. 자동이체 계좌 변경이나 주소의 변경, 고객의 변화된 재무상황에 맞는 재정 컨설팅 등은 얼마든지 생길 수 있는 일이다. 아주 작고 사소한 일일 수 있다. 그런 문제에 대하여 에이전트는 어떻게 해야 하는가. 당연히 최선을 다해서 서비스를 제공해야 한다. 그래야 계약 당시 형성된 신뢰가 긍정적인 방향으로 기하급수적으로 증폭된다. 의외로 고객이 만족하고 감동하는 수준은 단순하다. 고객이 기대하고 있는 것보다 약간, 조금만 더 요구가 충족된다면 고객들은 감동한다.

서울에서 법률사무소를 운영하고 있는 고객의 소개로 부산의 유기준 변호사를 만난 적이 있다. 그분은 현재 국회의원으로 당선되어 열정적으로 활동중이시다. 유 변호사가 내게 부탁한 것은 자신의 자산 포트폴리오를 평가해 달라는 것이었다. 전문가들의 조언을 구하고 일주일 넘게 고생해서 보고서를 만들어 제출했다. 보고서를 받아

본 유 변호사로부터 며칠 후 감사의 편지가 왔다.

"자신의 일에 열정과 신념을 갖고 있는 당신의 태도에 감사한다. 당신은 진정한 프로페셔널이다."

자신이 생각하기에 나에게 부탁한 일은 그리 큰 비중이 있는 일이 아니었는데 내가 그 일에 가치를 부여하며 일했다는 평가였다. 그 보고서가 실제로 유 변호사에게 도움이 되었는지에 대한 평가는 사실 그 다음 문제이다. 중요한 것은 나의 서비스로 인해 고객이 얻게 되는 만족과 감동이다.

고객이 생각하는 것보다 조금 더 세심하게 조금 더 열정적으로 고객에게 서비스와 만족을 주겠다고 마음먹으면 그 태도만으로도 고객은 신뢰하고 감동한다. 물론 고객의 만족과 감동에는 보상이 따르게 마련이다.

유 변호사 자신은 끝내 보험에 가입하지는 않았다. 하지만 내게 자기 사무실의 직원을 세 명이나 소개시켜 주었고 그중 두 명과 계약을 체결했다. 또 그중 한 분이 서울에서 고객 두 명을 더 소개해주는 결과를 낳았다. 나의 최선이 신뢰를 획득하게 되었고 한번 획득한 신뢰가 긍정적인 방향으로, 기하급수적으로 확대되었던 경험이다.

고객이 원하는 것보다 조금 더 세심한 서비스가 필요하다. 내가 사소한 일에 목숨을 거는 이유다.

"밥 한 번 사시죠!"

나는 고객에게 가끔 이런 말을 하곤 한다. 그러나 이런 말은 자연스럽게 꺼내야 한다.

'보험 영업을 하는 놈이 되레 나더러 밥값을 내라고?'

내심 이렇게 생각할 수도 있지만 다행히 나의 고객들은 흔쾌히 보험을 판 내게 밥을 산다.

푸르덴셜에 입사하고서 3년이 지나는 동안 나의 고객은 680명 정도로 늘어났다. 난생 처음 시작한 비즈니스에서 장족의 발전이었다. 그분들에게 나는 단 한 번도 술은커녕 식사 한 끼 대접한 적이 없다.

그 대신 고객의 결혼기념일이나 생일 등 중요한 일정을 체크해두었다가 꽃과 정성이 담긴 축하편지를 함께 보낸다. 마음을 담아 보내는 나의 방식이다. 그렇다고 모든 고객에게 다 그런 성의를 표시하는 것은 아니다. 고액의 보험료를 내는 고객만을 따로 선정하여 답례를 하는 것은 더욱 아니다. 내가 마음을 전달하는 사람들은 보험료의 많고 적음에 관계없이 나의 진심을 알아주는 사람들이다.

어떤 고객은 내게 "다른 보험회사에서는 선물로 자동차용품이나 주방용품, 볼펜 같은 것도 주던데……." 하며 선물을 아쉬워하기도 한다. 그러나 가벼운 선물 때문에 생명보험의 가치를 저울질하는 고객이라면 내 쪽에서 먼저 거절하는 것이 옳다. 이럴 경우 보통은 내뜻을 고객에게 알기 쉽게 설명하고 고객은 그 말의 진의를 이해해 준다.

그 동안의 관행이 잘못되었던 것이지, 사실 보험의 진정한 역할에 대해서는 고객들 스스로 그 필요성을 느끼고 있었다고 생각한다. 메트라이프, 푸르덴셜 등 외국 생명보험회사의 한국시장 진출 역사가 짧음에도 불구하고 괄목할 만한 성장을 보이는 것은 그 동안 대접받지 못했던 고객의 니즈를 정확하게 파악해서 문제를 해결해주었기 때문이다.

이것이 핵심이기 때문에 나는 계약을 전제조건으로 선물을 한 적이 없는 것이다.

일본에 시바타 가츠코라는 유명한 할머니 에이전트가 있었다고 한다. 일본의 생명보험 업계에서 챔피언을 15년 정도 했다니 그 능력이 궁금할 수밖에 없다. 20년 전에 그 할머니 에이전트는 고객에게 특이한 선물을 했다. 미국의 추수감사절에 맞춰 고객들에게 칠면조 고기를 돌렸다는 것이다. 그 당시 일본에서는 추수 감사절에 칠면조 고기를 먹어본 사람이 극히 드물었다. 그것이 센세이션을 일으켰다는 것인데, 이처럼 선물에도 창의력이 필요하다.

나도 고객의 결혼기념일 날 꽃을 많이 보냈다. 계약을 했다고 해서 다 보내는 것이 아니라 부부가 함께 계약을 했거나 다른 고객을 소개해 주었을 때 보내곤 했다. 매년 그렇게 자필 편지와 꽃을 보냈다.

특히, 나는 업계에서 '키맨'이라고 부르는 중요한 고객들을 스무 명 정도 알고 있었다. 나는 그들에게 1996년도 당시에 단가가 8만 원 정도 하는 아멕스에서 나온 다이어리를 보냈다. 다이어리치고는 고가였기 때문에 함부로 버리거나 다른 사람에게 선물로 쉽게 넘기기가 어려웠다. 더구나 다이어리를 받는 고객의 영문이니셜을 금박으로 새겨서 나의 개인 비서가 직접 전달했다. 12월 초쯤에 보내면 고객은 내가 보낸 다이어리를 기억하며 1년 동안 쓰게 되는 것이다. 이처럼 나는 선물 하나에도 마음을 담고 연구하는 것이 중요하다고 생각한다.

세일즈 업계에서 통용되는 관용어 중에 '귀인'이라는 말이 있다. 계약에 결정적인 도움을 준 고객을 우리는 흔히 귀인이라고 부른다. 나의 귀인 중에 정보통신업계에서 꽤 알려진 당시 인터넷 서비스업체 아이네트의 대표였던 허진호 씨가 있다.

한 번은 그분의 도움에 대한 답례로 푸르덴셜에서 나오는 다이어리를 보낸 적이 있다. 내 돈 반, 회사 경비 반으로 구입하여 아이네트의 전 직원에게 150권을 보냈다.

그다음 날 득달같이 전화가 왔다.

"푸르덴셜 차태진입니다."

그러자 허 대표는 과장된 목소리로 말했다.

"당신 말이야, 선물 같은 것은 전혀 안 한다더니, 나한테 사기 친 거 아냐?"

나는 당황하지 않고 말했다.

"허 대표님, 예외 없는 규칙은 없지 않습니까."

"그런가? 하하하!"

나의 선물을 받은 허 대표는 약간의 심적 부담을 느꼈던 모양이었다. 선물을 주지 않는다는 규칙은 분명히 있지만 '예외'라는 점을 강조하여 허 대표의 부담을 덜어주고 싶었다. 허 대표는 특별한 보상도 없이 내게 많은 도움을 주었으므로 내게 예외적인 인물임에 틀림없었기 때문이다.

 현재 메트라이프에서 나오는 판촉물 중에 '유학 가이드북'이란 책이 있다. 미국의 사립중고등학교를 안내하는 책이다. 나의 고객 중에는 자녀들의 유학 문제에 관심이 많은 분들이 있다. 그런 분들에게 가끔 식사를 하면서 그 책을 전한다. 그러면 보름이나 한 달 안에 추가 계약이 나오곤 했다. 그 책의 단가는 몇 천 원에 불과하다. 크기나 가격보다 고객의 관심사에 집중하는 마음이 중요하다는 사실을 뒷받침해 주는 사례이다.

 어쨌든 바라는 사람에게 선물을 주면 받는 사람은 선물의 값어치만을 따지지만, 바라지 않는 사람에게 뜻밖의 선물을 하게 되면 받은 사람은 선물의 의미와 준 사람의 마음까지 살피게 된다. 이처럼 선물은 나의 진심을 알아주는 사람에게 줄 때 더 큰 효과가 있다.

 보험 세일즈는 소비자에게 필요한 생명보험이라는 무형의 가치를 전달하는 과정이다. 우리 사회의 다른 영업적인 관행처럼 고객에게 사주십사 구걸을 하거나 강매하는 것이 아니다. 세일즈맨은 가치 전달의 매개자이다. 따라서 세일즈맨과 고객은 동등하다.

 알다시피 보험 세일즈는 고객과의 일 대 일 대면접촉을 통해 성과를 실현한다. 그래서 보험 세일즈는 일인 단막극이다. 같은 논리로 프로세일즈맨은 훌륭한 연기자이다.

 그러니 고객이나 관객이 나를 믿게 하려면 훌륭한 연기자가 돼야 한다. 정보에 대한 철저한 숙지도 필요하고 작품에 대한 철저한 연구도 필요하다. 정보와 작품에 대한 이해는커녕 대사를 까먹는 연기자를 어떻게 신뢰할 수 있겠는가.

세심한 관찰과 사소한 힌트에 관심을 갖게 되면 연기자는 위대한 배우로 거듭날 수 있다. 훌륭한 배우는 눈빛과 표정만 봐도 신뢰가 간다. 예전에 영업 성과가 잘 나오지 않는 직원을 대학로의 연극스쿨에 보내서 효과를 본 적도 있었다. 내면의 연기가 하루아침에 솟아나는 게 아니듯이 꾸준히 반복되는 연습과 사소한 관심의 축적이 발전의 밑거름이 된다.

한 고객이 지점 대표인 나를 직접 찾아와 심하게 항의를 한 적이 있었다. 계약을 맺은 담당 에이전트가 일을 그만두고 나가는 바람에 인수인계가 제대로 이루어지지 않았고, 그 과정에서 다른 직원이 결례를 한 것 같았다.

나는 일단 고객을 내 사무실로 안내하여 그의 말을 경청했다. 간간히 사과도 곁들였다. 그러나 고객의 항의는 두 시간 정도 이어졌다. 물론 나는 처리할 일이 많았다. 사무실 밖에는 여러 명의 직원들이 내 결제를 기다리고 있었다. 그러나 나는 고객의 이야기에 두 시간 내내 토를 달지 않았고 어떤 변명도 하지 않았다.

그러자 상황을 직시한 고객은 나가면서 이것으로 화가 다 풀렸다고 했다. 오판인지는 모르겠지만, 고객의 말을 경청하는 내 태도에 상황이 누그러진 게 아닐까 생각한다. 세일즈맨의 입장에서 계약을 위해 겉으로 드러나는 연기도 필요하지만 불만을 토로하는 고객의 입장을 내면의 연기로 소화하는 것도 필요하다고 생각한다.

나는 '고객관리'라는 말을 싫어한다. 아니 싫어하는 것이 아니라 잘못된 표현이라고 생각한다. **고객은 관리의 대상이 아니다. 고객과 나는 파트너십으로 묶인 대등한 존재다.** 연기자와 관객의 입장에서 '소통'의 문제를 따져야지 '관리'의 문제를 따져서는 곤란하다는 얘기다.

또 하나 일상적으로 쓰이는 '고객은 왕이다' 라는 관용적 표현이 있다. 내가 생각하는 그 말의 참뜻은 고객 자신이 부담한 만큼의 가치를 챙기라는 뜻이다. 고객이 세일즈맨을 쥐어짜듯 과도한 요구를 하면 자신이 산 제품의 가치가 떨어진다.

그런 면에서 나는 운이 좋고 행복한 사람이다. 내 고객 중에는 무리한 요구를 하는 사람이 거의 없다. 생명보험의 가치를 이해하는 분들이기 때문이다. 세일즈의 프로세스를 이해하는 고객은 얼마나 소중한가. 그들과 나를 묶어주는 매듭은 '합리성'이라는 고리다.

나는 고객과 가치에 대해 공유하고 서로를 평생의 동반자로 인식하고 존중하고자 한다. 그래서 서로 감사한 마음을 나누게 되는 파트너십이 이루어질 때마다 나는 가슴 뜨거워지는 보람을 느낀다. 나는 그런 가슴 벅찬 경험을 푸르덴셜에 입사하여 3년 동안 무려 680번이나 경험했다.

현재 메트라이프에서 대표 지점장을 맡고 있는 나의 PDA폰에는 3천 8백 명의 명함이 등록되어 있다. 고객과의 가치를 공유하고 그 가치에 합일될 기회는 더 많아졌다. 내가 고객에게 가치 있는 선물을 할 수 있다면 더 바랄 것이 없다. 무대는 어디가 될지는 모르겠으나 관객과의 만남이 기다려지는 배우의 심정이 나와 다르지 않을 것이다.

재미있는 이야기꾼 _ Motivator

세일즈맨의 커뮤니케이션은 첫인상에서 시작된다. 크게 보면 전화를 주고받을 때의 음성적 첫인상과 대면 접촉을 할 때의 외모적 첫인상이 있다.

  에이전트들은 전화기를 발명한 벨에게 가끔 깊은 감사를 해야 한다. 전화가 판매 과정의 시작이고 비즈니스 커뮤니케이션의 핵심적인 수단이 되는 까닭이다. 전화로 말미암아 약속이 잡히고 가망고객과 의사소통을 진행할 수도 있다.

  "푸르덴셜의 차태진입니다."

  에이전트 시절, 나는 주변 동료들로부터 전화를 잘 걸고 잘 받는다고 칭찬을 듣곤 했다. 물론 지금은 상황이 좀 달라졌다.

  "김 부장님, 안녕하세요? 웬일이세요, 전화를 다 주시고."

  전화가 걸려오자마자 나는 상대의 목소리를 듣기 전에 대뜸 이렇게 말한다. 현재 내가 사용하는 스마트 폰에는 일정뿐 아니라 3천 8백 명 정도의 정보가 입력되어 있다.

  사람의 목소리는 특별히 저장을 해두거나 기억하기 좋게 문자화할 수도 없는 노릇이다. 내가 가지고 있는 재능 중 하나가 사람의 목소리를 잘 기억한다는 것이다. 발신자 표시가 없던 시절에 나는 거의 천 명까지는 목소리만 듣고도 누가 전화를 한 것인지 금방 알아차릴 수 있었다. 그것이 친밀감을 조성해서 의사소통에 상당한 효과를 본 적도 있다. 그러나 고객이 천 명을 넘어서자 나의 기억력에도 한계가 오기 시작했다. 때문에 전화나 핸드폰의 발전된 기술에 고마움을 느낄 때가 많다.

전화를 걸 때에는 정자세로 앉아서 목소리를 가다듬고 가장 최상의 컨디션으로 통화해야 한다. 앉아서 하는 것보다는 서있는 자세가 더 긴장되고 집중이 잘 된다. 내 경우엔 서서 예를 갖춘 자세로 전화하는 경우도 많다.

강하고 경쾌한 목소리로 말해야 한다. 목소리의 톤과 내용만으로 고객은 10초 이내에 프로와 아마추어를 구분해 낸다. 특히 가망고객과 통화할 때에는 고객에게 필요한 모든 정보가 전화기 앞에 펼쳐져 있어야 한다.

내가 생각하기에 비즈니스를 잘 하는 비결에 특별한 비법이 있는 것이 아니라 깔끔하게 옷을 입고 한 통의 전화라도 제대로 받고 인사만이라도 잘하는 데 있다. 바른 자세로 활기차고 명랑한 목소리로 자신감 있게 전화를 걸고 받기 시작한다면 그 사람의 사업 전망은 이미 밝다고 보아도 좋다.

그러나 전화보다도 더 좋은 의사소통은 역시 대면접촉이다. 또한 마음이 담긴 친필의 편지 한 장이 사람을 감동시켜 불가능한 계약을 성사시키기도 한다. 이렇듯 세일즈맨에게 요구되는 가장 큰 기술은 의사소통이다. 사람들은 흔히 의사소통을 언변 좋게 자기 의견을 말하는 것으로 이해하지만 정작 의사소통의 핵심은 듣는 기술이다.

경청하는 사람만이 자신의 의견을 효과적으로 전달할 수 있다. 그리고 때론 자신의 얘기를 잘 들어 준다는 것만으로 감동받아 청약서에 성급하게 사인하려는 고객을 만나는 경우도 있다.

고객과 에이전트의 만남은 일 대 일 대면 커뮤니케이션이다. 그때 에이전트에게 가장 중요하게 요구되는 기술은 상대방이 무엇을 원하고 있는지를 정확하게 이해하여 그에 적합한 구도로 화제를 전개시키는 능력이다.

내가 관찰한 바로는 외국계 보험회사 에이전트들은 어디서나 연설하고 토론하기 좋아한다. 일종의 포괄적인 훈련과정이라고도 볼 수 있는데, 정해진 시간 내에 설득력 있게 자신의 의견을 피력한다는 것은 세일즈맨이 갖추고 있어야 할 핵심적 능력 중 하나다. 어쨌든 대화의 핵심은 요약이다. 요약을 잘할 수 있어야 고객과의 상담에서 핵심적인 가치를 분명하게 전달하고 고객의 의도를 정확하게 포착해낼 수 있다.

물론 고객의 원하는 바를 정확하게 포착해내는 능력인 감수성 Sensitivity은 연습보다는 타고난 기질 즉 직감에 의존하기도 한다. 자신의 능력을 시험해 보고 싶으면 탁구장이나 당구장에 가보라. 볼이 어떻게 튀는지를 하루 정도 살펴보면 감수성이 얼마나 중요한지 이해하게 될 것이다. 세일즈맨도 공처럼 튀어야 살기 때문이다. 물론 정해진 방향은 없다. 다만 고객이 원하는 방향으로, 고객이 원하는 가속도로 유연하게 튀어야 한다는 사실을 깨달아야 한다.

일 대 일 대면 커뮤니케이션에서 또 하나 중요한 것은 외적 요소다. 무엇보다도 첫인상을 좋게 할 필요가 있다. 첫인상은 최초의 만남 5분 이내에 형성된다. 이때 잘못해서 나쁜 인상이 만들어지면 좋은 느낌으로 반전시키는 데 많은 시간과 노력이 소요된다.

최초 5분의 첫인상은 계약의 성사 여부에 결정적인 역할을 한다. 첫인상을 좋게 남기기 위해서는 약속된 시간 지키기, 복장으로 성공을 느끼게 하기, 부드러운 미소와 반짝이는 눈빛으로 고객을 매료시키기, 절제된 용어와 자신감이 깃든 어조로 말하기 등이 있을 것이다.

통계에 따르면 고객의 98퍼센트는 첫 번째 만남에서 외모를 통해 세일즈맨에 대한 결정적인 이미지를 형성한다고 한다. 대면 커뮤니케이션의 3대 요소는 언어 7퍼센트, 말하는 어조와 요령 38퍼센트, 신체언어 55퍼센트인데 신체언어에는 외모와 표정, 시선, 자세, 제스처 등이 포함된다.

결론적으로 세일즈맨의 커뮤니케이션은 첫인상에서 시작된다. 목소리로 듣는 첫인상이 좋으면 외모에 대한 첫인상도 상당 부분 만회할 수 있다. 외모에 신경을 써야 하는 이유는 가망고객이 외모가 깔끔한 세일즈맨을 선호하기 때문이며 좋은 인상을 받은 세일즈맨의 권유가 그렇지 않은 세일즈맨보다 훨씬 더 신뢰성 있게 비치기 때문이다. 최종적으로 좋은 인상을 통해서 계약 성사율 자체가 높아진다는 사실을 명심해야 한다.

❖ **프로세일즈맨의 여덟 가지 대화법**

1. 눈을 보고 말하라.

고객의 느낌은 눈을 통해 알 수 있고 중요한 결정이나 니즈를 환기시킬 때 침묵의 기법과 동시에 활용하면 강력한 클로징 스킬로 활용할 수 있다.

2. 고객의 말을 이해한다는 점을 적극적으로 표현하라.

적극적으로 경청하고 있다는 사실은 고개를 끄덕이든지 고객의 말을 듣는 중간중간 추임새를 넣는 등의 사소하지만 확실한 피드백을 통해 고객과 함께 호흡하고 있다는 표현을 할 때에만 전달된다.

3. 불필요한 동작을 삼가라.

불필요한 동작이나 행동은 상대방의 집중력을 떨어뜨리고 상담의 효과를 반감시킨다.

4. 질문을 적절히 활용하라.

자기가 이해하는 것이 명확하고 상대방의 주의를 환기하기 위해 질문을 적절히 활용하면 면담의 내용이 심도 있게 된다.

5. 고객의 말을 되물어 상대의 진의를 파악하라.

고객이 한 말의 진의를 알기 위해 또는 제대로 듣고 있는지 확인하기 위해 고객의 말을 되물어봄으로써 확인한다. 예를 들면 "그러니까, 보험이 싫다는 건 아니고 왠지 보험은 별 효용이 없을 것 같다는 그런 말씀이신가요?"라는 식으로 말이다.

6. 상대의 말을 중간에 끊지 말라.

고객의 말을 끝까지 경청할 때 고객이 제기하는 문제에 대처할 방법을 찾을 수 있고 상대방을 존중한다는 느낌을 준다.

7. 자신의 말은 최대한 짧게 하라.

보통의 세일즈맨은 자기 이야기를 많이 하지만 훌륭한 컨설턴트는 자신의 말을 최대한 짧게 한다.

8. 말해야 할 때와 들어야 할 때의 역할을 유연하게 진행하라.

최초 면담에서 가망고객에게 면담을 주도당하지 않으려면 불필요한 부분이나 긴급을 요하지 않을 경우 침묵을 지키면서 말해야 할 때와 들어야 할 때의 역할을 유연하게 진행하는 기술이 필요하다.

Champion Dictionary

가족

계약을 방금 마친 고객에게 꼭 질문해 본다. "선생님께서는 왜 생명보험에 가입하려고 하십니까?" 고객들 대부분의 한결같은 답변은 가족에 대한 배려이다. 생사고락을 가장 크게 나누는 자신의 또다른 분신. 가족. 나눌 곳 없는 성취란 허무하다. 가족을 아끼는 사람일수록 일에 대한 성공도 크게 이루는 것을 많이 목격했다.

공감

이슈가 되는 사안에 대해 당사자들 간에 핵심을 서로 나누며 이해하는 수준. 고객으로부터 공감의 표현이 나오면 계약의 신호로 받아 들이고 빨리 문제해결을 위한 종결단계로 진행시켜야 한다.

과정/결과

둘 다 중요함. 결과를 염두에 두고 과정을 진행시키되 과정 하나하나에 최선을 다하는 자세가 필요함. 이런 세부 과정들이 모여서 자연스럽게 최초에 목표했던 결과가 나오게 되는 것 아닌가. 프로페셔널은 결과로 평가 받지만 과정이 불충실한 결과는 기대하기가 대단히 어렵다.

서비스

멀리 있는 것이 아니라 자동이체 계좌변경, 주소변경, 고객의 변화된 재무상화에 맞는 재컨설팅 등. 보험 하나 들어 놓고 자동이체 계좌를 변경하는데 담당 세일즈맨에게 세 번이상 독촉전화를 하고 한달을 기다려야 한다면 고객은 당연히 화가 나기 시작한다. '설마 그런 세일즈맨이 있을라고?' 의외로 그런 세일즈맨들이 많다. 아직도.

스킬 Skill

세일즈맨에게 요구되는 가장 큰 기술은 커뮤니케이션이다. 흔히들 커뮤니케이션을 언변 좋게 자기 의견을 말하는 것쯤으로 이해하겠지만 정작 커뮤니케이션의 핵심은 듣는 기술이다. 경청할 줄 아는 사람만이 자신의 의견을 잘 전달할 수 있다. 그리고 때론 자신의 이야기에 귀 기울인다는 사실만으로 흥분해서 청약서에 성급하게 사인하는 고객도 만날 수 있다.

스피치 Speech

외국계 보험회사 에이전트들은 어디서나 연설하고 토론하기를 좋아한다. 일종의 포괄적인 훈련이라고도 볼 수 있다. 정해진 시간 내에 임팩트 있게 자신의 의견을 피력한다는 것은 훌륭한 능력 중 하나이리라. 스피치의 핵심은 요약이므로 고객과 상담할 때 핵심가치를 분명하게 전달하는 데 큰 도움이 된다.

파트너십 Partnership

고객-세일즈맨-회사라는 3각의 역학 구도에서 가장 중요한 개념. 각자의 역할을 명확하게 이해하고 이를 구체적으로 실천함으로써 서로에게 최대의 만족을 안겨주게 된다. 파트너십이 이 시대에 필요불가결하게 대두된 가장 큰 이유는 현대사회의 복잡성과 다양성에서 찾아볼 수 있으며 사업의 각 주체들이 내가 기여한 만큼 상대방에게 인정받고 보상받을 수 있다는 공정성을 인식할 때 서로 공존의 틀 안에서 윈윈의 경험을 나누게 된다.

노하우 Know-how

코카콜라의 보틀링 비법 등 지구상에 알려진 몇 가지만을 제외하면 실제로 비법, 비결보다는 그냥 어떤 일을 하는 방법이라고 해석되어야 할 단어. 실제 방법론보다 더 중요한 것은 그 방법론을 문서로 정리할 수 있는 치밀함이다. 비즈니스 세계에서는 노하우보다는 그런 노하우를 알고 있는 주체 또는 그런 정보가 어디에 있는지를 파악하는 '노웨어 Know-Where'가 더 중요한 경우가 있다.

보장

든든한 안심. 본인에게 안좋은 일이 생기더라도 자신이나 남아 있는 가족들이 붙들 수 있도록 하늘에서 내려주는 굵은 동아줄. 주변에서 나쁜 일을 경험한 다음에 보장에 대해 니즈를 느끼는 사람들이 있는 반면 생명보험 즉 보장의 가치를 경험해 보지 않고도 믿는 합리적인 사람들을 만날 때면 힘이 난다. 내 생명에 대한 경제적 가치이므로 진지하게 따져보는 지혜가 필요하다.

보험료

고객이 자신이 처해 있는 위험을 보험회사에 넘기는 대가로 매달 지불하는 비용. 저축이 아니라 아파트 관리비, 우유값, 학습지 대금처럼 비용으로 인식할 필요가 있다. 그러나 많은 고객들이 보험료를 비용이 아니라 저축 항목으로 인식하는 오류에 빠져 있어 간혹 불행한 일들이 생기기도 한다. 보험 계약자들은 매달 통장에서 빠져나간 보험료 항목을 눈으로 확인하면서 가족사랑의 마음을 새롭게 다진다. 보장금액(보험금)에 대한 청구비용의 개념이므로 청구하는 과정에서 머뭇거리거나 미안해 할 필요가 없다.

Strategy 3

잘 사는 사람이 잘 판다

- 비즈니스를 위해서는 기본적인 에티켓이나 룰이 필수적이다.
- 성공을 해본 사람만이 다시 성공할 수 있다.
- '장사의 근본은 행상 行商에 있다'라는 말은 발로 뛰어다니는 기업, 발로 뛰어다니는 영업을 말한다. 그것은 바로 비즈니스맨인 우리들의 역할이기도 하다.
- '1+1=2'가 되는 것이 아니라 다섯 배, 열 배까지 연봉을 가져가는 그런 시장이 곧 도래할 수밖에 없다.

함께 멀리 갈 수 있는 사람을 보는 안목

인사가 만사라는 말이 있다. 정치적으로든 경제적으로든 사회적으로든 심지어 개인적으로 배우자를 만나는 일이든 간에 사람을 만나는 일이 승패의 반 이상을 차지한다. 나의 경우 직원을 뽑을 때마다 느끼는 것인데 버스에 태울 사람과 내릴 사람을 선별하는 일은 시간이 지날수록 어렵다는 생각이 든다. 적당한 사람을 선발했다고 하더라도 그가 초기에 가지고 있는 확신이나 신념이 시행착오를 거치면서 바뀌기도 한다. 또한 처음에는 보지 못했던 가치들이 나중에 나타나기도 한다.

나는 농담을 조금 섞어 보험영업자를 선발할 때 혈액형이 B형이고 차남을 뽑으면 틀림없다는 말을 자주 한다. 물론 전제가 필요하다. 혈액형이 B형인 사람은 즉흥적이고 다혈질적이며 호기심이 많고 항상 무언가 일을 하고 있어야 안심하는 성격이라는 전제 하에 세일즈맨의 성격이 이와 같다면 안심할 수 있다는 말이다.

또한 같은 값이면 차남은 세일즈맨으로서 자격 조건이 훨씬 유리하다고 판단한다. 차남은 권력적으로 봐도 손위 형제에게 항상 눌려 있기 때문에 눈치를 보게 된다. 나의 경험으로 볼 때 형에게는 용돈을 빼앗기기 쉽고 동생에게는 먹을 것을 빼앗기기 십상이다. 결국 차남은 형과 동생에게 무엇이든 빼앗기지 않으려고 노력을 더 기울이게 되고 그만큼 생존력이 강할 것이라는 애기가 된다.

물론 과학적 근거는 없다. 혈액형이나 태생적 입지와는 상관없이 세일즈맨으로서 당연히 갖춰야 할 소양이나 마음가짐이 가장 중요할 것이다.

나 또한 인사권자로서 반드시 뽑아야 할 사람과 반드시 뽑지 말아야 할 사람에 관한 기준이 분명히 있다. 나는 반드시 뽑아야 할 사람으로 비즈니스 업종에 그 사람이 맞느냐, 그렇지 않느냐를 따지는 **기질적인 문제보다 성공한 경험이 있느냐, 없느냐를 가장 중요한 기준으로 삼는다.** 성공을 해 본 사람만이 다시 성공을 부른다. 어마어마한 성공을 기대하는 것이 아니라 가벼운 것에서부터 묵직한 것에 이르기까지 자신의 목표를 이루고 관리를 할 줄 아는 사람만이 성공의 주인공이 될 수 있기 때문이다. 내가 말하는 성공이란 특별한 것만을 이야기 하지 않는다. 자신의 건강을 위해 10킬로그램의 체중 감량을 목표로 삼고 그것을 지켜낸 사람, 마라톤 42.195킬로미터의 완주를 목표로 삼고 이루어 본 사람, 필요한 자격증을 목표로 삼고 당당히 성취한 사람 등 사례는 얼마든지 있다. 이러한 사람들에게는 성공의 가능성이 얼마든지 있기 때문이다.

반대로 직원으로 결코 선발해서는 안 되는 대표적인 유형은 자기 관리가 안 되는 사람이다. 불성실하거나 게으른 사람은 교육이나 훈련을 통해서도 바꾸기 어렵기 때문이다.

예나 지금이나 내가 직장을 갖게 된 사회 초년병들에게 당부하는 것은 두 가지다. 전화를 잘 받는 법과 복사를 잘하는 방법만이라도 제대로 익히라는 것이다. 가장 기초적인 일을 소화할 줄 아는 사람만이 큰일을 해낼 수 있기 때문이다. 고객과의 첫 만남은 대개 전화로 이루어진다. 전화를 받아서 필요한 사람에게 친절하고 정확하게 인계를 해야 할 경우 신입사원이 그 시스템을 제대로 익혀 무리 없이 소화하는 사람들이 의외로 드물다. 복사의 경우도 마찬가지다. 서류를 잘 정리하는 것도 중요하지만 보고서를 여러 개 만들어 정보를 공유해야 하는 경우 깔끔하게 처리하는 능력이야 말로 신입사원의 가능성과 성공을 점칠 수 있는 중요한 척도다. 늘 말썽을 일으키는 복사기도 능숙하게 다룰 줄 아는 사람이라면 신뢰가 갈 것이기 때문이다. 물론 시대의 흐름에 따라 기초적이고 기본적인 업무 내용에 변화가 있을 수는 있겠으나 기본적이고 기초적인 것을 잘 소화할 줄 아는 사람만이 큰 성공을 이룰 수 있다는 진리는 여전히 유효하다.

미국의 유명한 베스트셀러 작가 존 그리샴이 쓴 〈그래서 그들은 바다로 갔다/The Firm〉이라는 소설이 있다. 우리나라에서는 「야망의 함정」이라는 제목으로 영화화되어 상영된 적이 있는데 변호사들의 이야기를 담고 있다. 소설과 영화의 무대는 더운 날씨의 미국 남부였다. 등장하는 인물들은 하나같이 찌는 듯한 더위 속에서 하얀색 긴 팔 와이셔츠에 넥타이를 메고 있었다. 그것이 의미하는 바가 무엇일까. 프로페셔널로서 대우를 받으려면 프로페셔널한 복장을 갖추어야 한다는 뜻이다.

어느 펀드매니저에게 들은 얘기인데, 그는 기업의 발전 가능성을 진단해야 하는 업무의 특성상 기업 탐방을 수없이 하게 된다고 했다. 그의 말에 따르면 해당 회사에 가서 사장과 담당직원들을 만나는 것은 요식 행위에 불과하다고 한다. 그에게는 그 회사의 가능성과 성공을 따져볼 수 있는 확실한 방법 두 가지가 있다고 하는데 하나는 회사 입구에서 고객을 대하는 경비원의 태도이고, 또 하나는 그 회사의 화장실에 들어가 보는 것이라고 한다. 화장실이 지저분한 조직 중에서 오랫동안 성과를 내는 조직을 못 봤다는 얘기다.

비즈니스를 위해서는 기본적인 에티켓이나 룰이 필수적이다. 조직도 마찬가지다. 때문에 신입직원들을 뽑아놓고 트레이닝을 할 때 시스템을 설명하면서 나는 말미에 세 가지를 강조한다. 첫 번째는 사무실에서 슬리퍼를 신어서는 곤란하다는 것, 두 번째는 여름에도 반팔 와이셔츠를 입을 수 없다는 것, 세 번째는 화장실에 공용 신문을 가지고 들어가지 못하고 개인 신문을 가지고 갈 경우에는 반드시 깨끗하게 치울 것 등을 요구한다.

프로세일즈맨은 일반적인 사무직원과는 다르다. 매니저들이 가끔 내게 "일만 잘하면 되지 사소한 것에 얽매일 필요가 있느냐."라고 묻지만 나의 생각은 다르다. 기초 체력이 제대로 이루어진 사람이야말로 함께 멀리 갈 수 있는 사람이라고 믿는 까닭이다. 그런 사람이야말로 성공에 이를 수 있다고 믿기 때문이다.

100년을 가는 회사의 교훈

한국에는 창업한 지 100년이 넘는 회사가 몇 개나 될까? 한국은행 자료에 따르면 100년 이상 기업은 두산(1896년)과 동화약품공업(1897년) 등 단지 몇 곳에 불과하다. 안타까운 것은 우리나라 기업의 경우 1998년 IMF위기로 100년이 넘은 기업들이 대부분 도산했거나 인수·합병을 통해 사라졌다는 것이다.

장수기업의 천국인 일본의 경우 1,000년 이상 기업은 7개, 500년 이상 32개, 200년 이상 3,146개, 100년 이상은 50,000여 개라고 한다. 일본의 경우 창립 100년 이상 기업의 89.4퍼센트가 종업원 300명 미만의 중소기업이었고, 기업이라기보다는 가문 대대로 이어가는 상점商店이라고 하는 편이 더 적당한 경우가 많다는 것이다.

한국은행은 일본이 장수기업 대국으로 발전하게 된 이유로 첫째 본업중시, 둘째 신뢰경영, 셋째 투철한 장인정신, 넷째 혈연을 초월한 후계자 선정, 다섯째 보수적 기업 운영 등 기업 내부적 요인과 외침이 적고 장인을 존중하는 사회 분위기가 형성되어 있는 등의 두 가지 기업 외부적 요인을 꼽고 있다.

나는 사회생활을 시작한지 19년이 됐는데 5년을 컨설팅 회사에 있었고, 14년을 파이낸셜 컨설팅 회사에 근무하고 있다. 사회적으로는 기업 컨설턴트들이 훨씬 전문적인 직업으로 평가 받고 있지만 두 분야를 모두 겪었던 **내 경험으로 볼 때 보험 세일즈야말로 진정한 프로페셔널한 분야라고 생각한다.** 이 분야에서는 공짜 점심이 없고 본인의 성과만을 가지고 평가를 받고 소득을 일으킨다. 그리고 자기 관리에 필요한 역량이 훨씬 더 많이 요구된다. 철저하게 개인, 팀 단위, 지점 단위로 움직이게 된다.

그동안 내가 다닌 회사는 액센츄어, 베인 앤 컴퍼니, 푸르덴셜생명 그리고 지금 몸 담고 있는 메트라이프 등 네 곳이었는데 공교롭게도 외국계 회사만 다닌 상황이어서 나는 외국 회사의 좋은 시스템의 혜택을 많이 본 수혜자인 것 같다. 영업도 치열하게 했지만 무엇보다 외국 회사들이 '기본'에 강하다는 인상을 지울 수 없다. 기본에 아주 철저하며 철학적이고도 윤리적인 면에서 강하기 때문에 비즈니스의 정도를 배울 수 있었다.

베인 앤 컴퍼니의 경우 전략 컨설팅 분야의 다국적기업으로 성과주의를 도입하여 업계 최초로 컨설팅 수수료를 기업 성과가 있는 경우에만 받는 제도를 도입한 곳으로 유명하다. 베인에서의 경영전략 컨설팅과 지금 메트라이프에서의 업무를 따져보면 90퍼센트 정도는 동일하고 10퍼센트 정도가 다르다. 경영전략 컨설팅에서는 기업을 진단하고 지금은 개인의 재무 상태를 진단한다. 컨설팅이라는 일에서 가장 중요한 것은 설득 커뮤니케이션이다. 내가 가지고 있는 지식, 경험, 생각을 상대방에게 프레젠테이션해서 공감을 이끌어내는 일이다. 아울러 업무의 특성상 성과에 집중돼 있다는 점도 두 종류의 비즈니스에서 동일한 점이다. 말로 끝나는 것이 아니라 개인의 포트폴리오를 재조정해서 2~3년이 지나 수익률이 얼마가 더 나왔는가를 따지는 점에 집중돼 있다는 것이다.

푸르덴셜의 경우 130년이 넘는 전통을 가지고 있고 세계적으로도 그 위상이 남다르다. 또한 독특한 인재 육성 프로그램은 국내 보험업계의 혁신을 불러왔다. 내 세일즈 스킬의 근간이자 몸통을 그때 익힌 것이라는 점도 부인할 수 없는 사실이다. 나는 보험업계를 잠시 떠난 적이 있었는데 푸르덴셜에 다시 돌아갈 생각을 한 것은 아니지만 다시 돌아갈 수 없었던 것도 한 번 떠나간 사람은 다시 입사할 수 없다는 내부 방침이 있기 때문이다.

내가 김종운 메트라이프 수석부사장을 만난 것은 어쩌면 행운이었는지도 모른다. 당시 그분은 메트라이프의 전무였고 나는 입사를 결정하기 전 2주일 동안 다섯 번 정도 만났다. 그는 만날 때마다 내가 받을 보수라든지 어떤 구체적인 약속을 절대 하지 않았다. 그는 가치와 비전만을 제시할 뿐이었는데 그것에 동화되어 지점장으로 메트라이프에 합류하게 되었다. 결국, 내가 당시 소득 면에서는 훨씬 좋은 조건을 내세우는 다른 회사를 마다하고 메트라이프로 옮겨온 이유도 메트라이프에서 제시하는 비전과 일의 가치가 매력적이었기 때문이다. 푸르덴셜은 청교도적인 색깔이 강하다. 숭고하고 깊은 윤리 의식이 기업이념이기 때문에 생명보험사업에 대한 신념과 확신이 가득했다. 반면에 메트라이프에 처음 합류하며 든 생각은 색깔이 강하기보다는 자유롭고 유연하다는 것이었다. 1869년에 설립된 오랜 역사를 지닌 회사답지 않게 시시각각 색깔이 변하는 회사였다. 현재 내가 맡고 있는 지점의 매니저 그룹은 나를 포함해서 28명이다. 우리의 매니저 그룹은 이 업계에서는 상당한 팀워크를 자랑하고 있고 봉사와 헌신의 마인드로 에이전트를 성장시키는 데 집중하고 있다. 실질적으로 일하는 에이전트들이 160명 그리고 고용하고 있는 스태프와 개인 비서 30명 정도를 포함하면 총 200명이 넘는 큰 조직이다. 메트라이프의 유연성을 잘 살리면 급변하는 한국시장에서 잘 적응할 수 있는 역동적인 조직을 만들 수 있다는 사실을 깨달았다. 메트라이프의 유연함 때문에 나의 세일즈 방법론도 훨씬 다양하고 폭이 넓어진 것이 사실이다.

 100년이 넘는 회사가 즐비한 일본 기업이 가르쳐주는 교훈을 우리나라에서 그대로 받아들일 수는 없겠지만 중요한 몇 가지 내부 원칙은 깊게 새겨볼 만 하다. 본업을 중시하고 신뢰경영을 하며 투철한 장인정신을 존중하고 혈연을 초월해서 후계자를 선정하는 것 등이 그것이다.

 아울러 일본의 산업혁명에 사상적 원동력을 제공했다고 일컬어지는 이시다 바이간 石田梅巖이 남긴 금언인 **'장사의 근본은 행상行商에 있다'** 라는 말도 깊게 생각해 볼 교훈이다. 발로 뛰어다니는 기업, 발로 뛰어다니는 영업, 그것은 조직이 커질수록 소홀히 하기 쉬운 비즈니스의 기본 원칙때문이기도 하다. 2006년 현재 전 세계 1만 2천여 개의 매장을 가진 스타벅스의 하워드 슐츠 회장이 매년 23곳의 매장을 임의로 선정해서 직접 방문하는 것도 같은 맥락일 것이다. 그는 보통의 경영자들처럼 한 번 시찰하고 지나가는 것이 아니라 직접 앞치마를 두르고 일을 하며 매장과 고객과 분위기 등 모든 것을 꼼꼼히 살펴본다고 한다.

"스타벅스가 아무리 커져도 한 잔의 커피를 한 명의 고객에게 서비스하는 것이 스타벅스가 하는 일의 본질임에는 변함이 없다. 내가 그 현장 즉 고객이 스타벅스의 커피를 사서 마시는 현장을 모르고서 어떻게 스타벅스를 제대로 경영 할 수 있겠는가?"

슐츠 회장의 이 말을 되새길 때마다 나는 늘 날카롭게 주의를 환기한다.

21세기의 구매 심리학

구매 심리학의 측면에서 사고파는 사람의 입장을 정의하는 것은 쉬운 일이 아니다. 그러나 나는 사는 사람과 파는 사람이 동일인이라고 생각한다. 아이러니한 말일 수 있지만 물건을 잘 사는 사람이 잘 판다는 사실을 직시할 필요가 있다. 사실 내가 세일즈 업무에 강도를 높이거나 상품의 중요 가치를 강조하는 이유는 고객에게 도움을 주기 위한 것이다. 왜냐하면 고객에게 상품에 대한 설명을 마친 후 알아서 판단하라고 하면 대부분의 사람들은 본능적으로 움직이게 된다. 그 본능이란 것은 승낙보다는 거절을 뜻한다. 승낙을 하게 되면 복잡한 일들이 생기기 때문이다. 계약서도 써야 하고 매달 보험료도 지불해야 하는 등의 여러 가지 귀찮은 일들이 도사리고 있기 때문이다. 그래서 세일즈맨에게는 본능적으로 거절하고 싶어하는 사람들에게 승낙을 이끌어내는 능력이 필요하다.

가장 어려운 고객은 반응이 없는 고객이다. 세일즈맨에게 마음을 열지 않는 경우이기 때문이다. 따라서 나에게 신뢰를 가지고 있지 않은 경우라고 보아야 한다. 구매에 대한 니즈가 충분히 올라오지 않았을 때도 상황은 매우 어렵다. 고객이 미래에 대한 장기 플랜이 없는 경우 또한 파는 사람을 어렵게 만든다. 노후 플랜은 30년 후의 일인데, 고객은 지금 당장은 필요 없다는 반응을 보이는 경우다. 이런 경우는 고객에게 집착할 것이 아니라 바로 영업을 중단하는 것이 옳다.

파는 사람 즉 세일즈맨과 가장 비슷한 경우를 예로 들자면 야구 시합에서 타자의 타율을 들 수 있다. 현실적으로 9할 대의 타자도 없지만 1할 대의 타자는 프로야구 선수로서 자격이 없다. 타자의 경우 3할 대가 되면 잘한다는 소리를 듣게 된다. 나의 경우 에이전트로서 타율을 따져보니 3할 8푼 정도의 성적이었다. 100명 정도 만나면 38명 정도 계약을 체결한 셈이다.

물론 계약 성사율이 70~80퍼센트에 이르는 사람들도 있기는 하다. 그들과 나의 차이점은 타석에 얼마나 자주 들어가느냐 하는 것이다. 일주일에 서너 번 시도하는 사람과 열 번 이상 뛰어드는 사람은 분명히 다르다. 일반적으로 세일즈는 확률 게임이라는 것을 믿을 필요가 있다. 더 많은 고객을 만나기 위해 약속을 잡는 것이 중요한 이유가 여기에 있다.

에이전트 시절, 나는 콧대가 높았다. 처음에 가망고객 리스트를 적성해보니 48명이 나왔다. 이중에 내가 근무했던 컨설팅 업계와 관련된 사람은 하나도 없었다. 보험업계에 뛰어들겠다고 했을 때 외국에 나가 있던 친구들을 제외하면 그 누구도 나의 의사에 동의해 준 사람이 없어 자존심이 상해 있었던 탓이다.

에이전트로서 내가 판매했던 상품은 종신보험이었다. 결혼을 하고 자녀가 있어야 니즈가 생기는 상품이었다. 대학동기들의 경우 결혼이 늦은 까닭에 나는 고전할 수밖에 없었다. 보험회사 입사 후 3~4개월 정도 지나서 성과를 분석해보니 생각보다 저조했다. 보통 신입 시절 성과를 냈던 사람들은 두 가지 경우였다. 하나는 처음부터 감을 잡고 쭉 달려가는 스타일이다. 또 하나는 나의 경우처럼 처음에는 수준이 좀 낮다가 한두 번의 도약 단계를 뛰어넘으며 수준을 끌어올리는 것이다. 내가 첫 번째 챔피언이 됐을 때, 처음부터 챔피언의 위치에서 출발한 것이 아니었다. 연간 단위로 평가를 하기 때문에 시간이 지속되면서 결정적인 순간에 급속히 성장을 한 것이었다.

에이전트로 3년 반을 일하고 나서 매니저로 역할을 바꿀 때 많은 고민을 했다. 그때 내가 가지고 있는 비전은 나름대로 컸다. 미국에 가보니 에이전트의 경우 연간소득이 80에서 100억, 많게는 200억까지 되는 사람들도 있었다. 그들은 직원을 스무 명 정도 두고 독립적인 사무실을 가지고 있었으며 심지어 개인 전용비행기를 가지고 있는 에이전트도 있었다. 그 와중에 매니저를 해보라는 제안이 들어온 것이었다. 그 당시 나의 역량을 스스로 평가해볼 때 에이전트 역량과 매니지먼트 역량이 반반이라고 판단했다. 그래서 매니저 일에 도전해 보기로 결정했다.

사실 모든 에이전트들이 매니저를 할 필요는 없다. 또 성과가 있는 에이전트라고 해서 무조건 매니저를 할 필요도 없다. 매니저로서의 기본적인 자질이나 역량이 맞는 사람들이 매니저를 해야 한다. 매니저란 위치는 에이전트보다 상위에 존재하는 것이 아니기 때문이다.

파는 사람과 사는 사람의 입장을 다시 살펴보자.

세일즈맨의 가치는 크게 두 가지다. 첫째, 나는 고객의 이익을 통해서 자신의 이익을 취한다. 그러니까 고객이 이익을 창출하지 못하면 나는 돈을 벌 수 없다는 것이다. 둘째, 고객과 오랫동안 함께 가야 한다. 때문에 세일즈 분야에서 수단과 커미션에만 치우치는 것은 큰 문제가 아닐 수 없다.

파는 사람으로서 전문가가 되려면 고객의 입장에서 카운슬링을 하고 제안을 해야 한다. 나는 거의 예외없이 두 가지 제안서를 고객에게 가져간다. 예를 들어 A라는 제안서가 수당이 더 많더라도 B라는 제안서가 고객에게 더 잘 맞는다면 B라는 제안서를 고객에게 전한다. 심지어 고객이 A를 원하더라도 B라는 제안을 권고해야 한다. 슈퍼 A급의 에이전트라면 B를 끝까지 제안하는 용기가 필요하다. 이것이 내가 생각하는 상인정신이다.

나에게는 파는 사람과 사는 사람의 입장을 대표하는 두 가지 사례가 있다.

어느 날, 나는 중소기업에 다니는 고객을 만나기 위해 부산으로 내려갔다. 내가 고객의 수입을 고려하여 설계를 한 비용이 월 보험료 13만 5천 원이었다. 그런데 고객은 그 금액보다 높여서 납입하겠다고 말했다. 당시 그 고객의 연소득은 2천만 원 초반이었다. 때문에 나는 고객의 전체 소득에 대비해 보면 좀 무리라고 조심스럽게 말렸다.

그런 대화의 마지막 순간, 고객은 개인적인 이야기를 꺼냈다. 본인이 고아원 출신인데 혹시라도 자신이 잘못되면 주변에 가족을 지켜줄 사람이 아무도 없으니 다른 사람보다 많이 하는 게 자기에게는 맞다는 얘기였다. 고객의 솔직한 이야기에 감동을 받은 나는 고객이 원하는 대로 계약을 마쳤다. 그런데 안타깝게도 그 고객은 8개월 후에 운명을 달리 하고 말았다. 장례식장을 찾아갔더니 어이가 없었다. 그 고객이 종신보험에 들었다는 사실을 그의 부인은 까맣게 모르고 있었던 것이다.

고인은 남긴 재산도 얼마 없었던지 초라하게 장례식을 치르고 있었다. 내가 보험회사에서 왔다고 하니 부인은 의아해 하는 표정이었다. 대개의 사람들은 대뜸 보험금이 얼마냐고 물어보기 마련이었다. 결코 삶이 윤택해 보이지 않았는데도 고인의 부인은 보험금에는 관심이 없었다. 가난하게 살아도 품격이 느껴졌다. 보험금은 당시로서는 어마어마한 금액인 3억 8천만 원이었다. 지금도 고인의 부인과는 가끔 소식을 주고 받는다. 그 부인은 현재 당시의 보험금으로 부산에서 수예점을 열어 생활하고 있다.

또 다른 사례는 IMF때의 일이었다. 어느 날 고객 중의 한 명이었던 의사로부터 전화가 걸려왔다. 지금 포장마차에서 술 한 잔 하고 있는데 와줄 수 있느냐는 것이었다. 피곤했지만 느낌이 이상해서 나는 바로 달려갔다. 그 의사 고객은 장인의 빚보증을 잘못 서서 재정적으로 파산을 한 상황이었다. 고객은 5억 보장의 종신보험을 계약했는데 계약 후 2년이 지나면 자살을 해도 보험금을 지급하게 되어 있었기 때문에 그 의사는 당시 마지막 탈출구로 자살을 생각하고 있었다.

고객의 말로는 당시의 상황을 도저히 극복하지 못할 것 같다고 했다. 그에게는 은연중에 자살을 해서라도 가족들을 먹여 살려야겠다는 의지가 역력했다. 때문에 나는 고객이 술이 완전히 깰 때까지 끈덕지게 따라붙어 만류했다. 그 후 고객도 상황을 극복했고 지금은 병원 원장으로서 다른 많은 생명을 살리기 위한 의술을 펼치고 있다.

나는 직무설명회를 하면서 꼭 생명보험 분야가 아니더라도 세일즈 분야에서 일하는 것이 매우 유망하다고 강조한다. 기왕이면 세일즈 분야에서 그것도 컨설팅 세일즈 분야에서 일을 해보라고 권한다.

컨설팅 세일즈 분야는 사람이 노하우인 비즈니스다. 한 사람, 한 사람 자체에 세일즈 노하우가 스며들어 있다. 회사가 그 노하우를 사려면 그 세일즈맨에게 대우를 해줄 수밖에 없다.

세일즈 분야는 21세기에 점점 더 중요해진다. 자본주의가 공고해질수록 모든 산업 분야에서 수요보다 공급이 초과하게 된다. 그때부터는 어떤 조직에서 마케팅과 세일즈를 하느냐에 따라서 사운社運이 좌지우지되는 법이다. 그에 따라 점점 더 세일즈 프로페셔널에 대한 의존도는 커질 수밖에 없다.

우리나라에서 자본주의가 점점 더 고도화될수록 분야를 막론하고 세일즈 프로페셔널이 된다면 자신의 부가가치를 극대화할 수 있게 되는 것이다. 단순히 '1+1=2'가 되는 것이 아니라 세일즈맨이 조금만 더 잘하면 다섯 배, 열 배까지 연소득을 높일 수 있는 시장이 곧 도래할 수밖에 없다.

Champion Dictionary

상담 Interview

고객과 대면하면서 고객이 안고 있는 문제점을 듣고 난 후 그 문제를 풀기 위한 대안을 개발해 나가는 과정. 기계적으로 해결할 수 없는 일이기에 아마추어와 프로 컨설턴트가 존재한다. 상담의 결과로 받게 되는 수입(커미션)은 의외로 크다. 고객에게 필요한 정보와, 가치를 창출하여 전이시켰기 때문이다. 프로세일즈맨들은 상담약속을 잡기가 실제로 상담을 진행하는 것보다 더 중요하다는 것은 안다. 상담이 원래 방식대로 진행되면 계약은 일어난다.

설득

자신이 갖고 있는 화학물질을 뿜어내어 고객이 보유하고 있는 화학물질과 촉매작용이 일어나도록 하는 과정. 자신의 의도대로 분위기를 주도하는 것도 중요하지만 설득의 원천적 힘은 상대방에 대한 배려임을 명심할 것. 또한 말하는 기술보다는 듣고 질문하는 기술이 설득에 있어 더 중요한 요소임을 명심하라.

논리/감정

논리적으로 설득하되 감정에 호소하라. 이성과 감정은 상반된 개념이지만 세일즈 프로세스를 진행함에 있어서 적절하게 섞어서 활용해야 한다. 예를 들자면, 기능과 특징 그리고 장점을 설명하는 데는 이성적 접근이, 이익이나 가치를 전달하는 데는 감성적 접근이 필요하다는 것이다. 고실적 세일즈맨일스록 살아 움직이는 감성적 임팩트로 계약의 종결을 완성하는 예가 많다. 주의할 점은 너무 감정에 치우치다가 정작 전달해야 할 객관적 정보를 빼먹어 계약을 놓치는 경우가 종종 있다.

일

열심히 일하는 것보다 더 중요한 것이 재미있게 일하는 것이라는 사실은 대부분의 사람들이 망각하는 것 중에 하나 이다. 너무 빠져 버리면 일 중독자, 너무 멀리하면 룸펜이 되어버리는 필요악적인 요소. 노동강도와 적당한 시간투자, 적당한 즐거움 그리고 그로부터 창출되는 적당한 소득이 공존한다면 더할나위 없을 듯. 그냥 일하는 사람보다는 열심히 일하는 사람이, 열심히 일하는 사람보다는 즐기면서 일하는 사람이, 즐기면서 일하는 사람보다는 미쳐서 일하는 사람에게 승률과 실적 그리고 보상면에서 좀 더 나은 결과가 주어진다는 것은 신의 섭리가 아닐까?

전문가

뻔한 일을 뻔하지 않게 한다는 이유로 다른 이들로부터 칭송받는 사람들. 사실은 그들이 일을 하는 과정과 결과의 차이라기보다는 그들이 일을 바라보는 관점의 차이 즉 소명의식에서 일반직과 구별지을 수 있다. 주변환경으로부터 얻게 되는 명예와 고소득의 이면에는 프로페셔널로서 걸어가야 할 험난한 고통과 기득권의 포기 과정이 있다.

상품

복합기능을 갖춘 것보다는 항상 주요기능에 주안점을 두고 구매할 것. 텔레비전은 화질을, 오디오는 소리를, 세탁기는 세척력에 집중해야. 인터넷이 되는 텔레비전이나 테이프가 복사되는 오디는 그런 기능이 꼭 필요한 사람들에게나 필요한 상품이다. 품질, 가격, 서비스 모두를 만족시키겠다는 상품을 만나면 멀리 피하도록. 구매한 후에 '왜 샀지?'라는 후회만 남게 된다.

영업

파는 사람도 사는 사람도 별로 좋아하지 않는 단어. 행위 그 자체보다는 판매가 이루어지는 배경과 목적에 집중할 필요가 있다. 영업하는 사람이 갖고 있는 최대의 무기는 신념과 정보. 사는 사람이 갖고 있는 최대의 방패는 거절과 구매력. 서로가 가진 생각을 전이시키는 데 있어 식상된 과정처럼 진행하는 것이 아니라 가치를 창출하여 전이시킨다는 점에서 높은 창조성과 윤리성이 요구된다.

정보

구매력을 갖고 있는 사람들이 원하는 궁극적인 욕구. 단 실구매로 이어지기 위해서 이 정보가 세일즈맨에 의해 살아 움직이는 가치로 전환되어야 한다. 정보는 사람들에게서 나오므로 좋은 인적관계를 갖고 있는 사람들이 양질의 정보로 둘려싸여 있을 가능성이 높다. 첩보는 확인 과정을 거쳐 정보로 탈바꿈하며, 단순한 자료는 그 자체로서는 가치가 낮고 취사선택 및 가공 단계를 거쳐 비로소 정보로 바뀐다.

커미션 (수입)

계약의 결과로서 세일즈맨에게 주어지는 보상. 회사가 지불한다고 생각할 수 있으나 좀 더 세밀하게 들여다보면 세일즈맨이 제공한 정보의 수준과 가치에 동감한 고객들의 주머니에서 지불되고 있는 것이다. 모든 세일즈맨들은 이 커미션으로 생활을 영위한다. 그들이 소유한 모든 것—자동차, 컴퓨터, 옷, 구두 등—은 고객의 지갑에서 나온 것이다.

메일링 Mailing

고객과 커뮤니케이션 하기 위해 도움이 될만한 정보를 정기적 혹은 비정기적으로 보내는 것. 보낸다는 사실보다 중요한 것은 어떠 내용을 어떤 패키지로 보낼 것인가 하는 것이다. 세상이 좋아져 전자우편 E-mail으로 시간과 비용을 절약할 수 있다.

PART 2

챔피언의 전략

Strategy 4
소개영업의 비밀

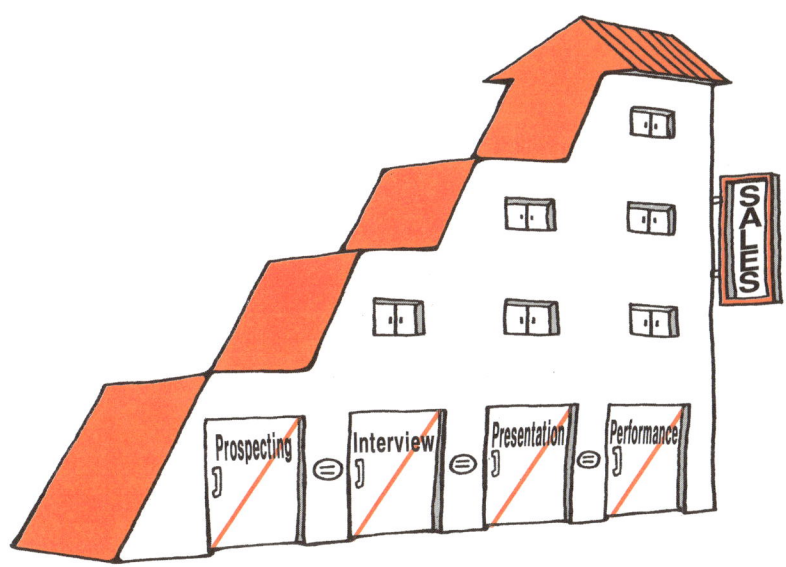

- 판매과정에서 가장 중요한 이슈는 가망고객 발굴이다.
- 소개에 의한 영업방식은 전 세계 톱 세일즈맨들이 공통적으로 사용하고 있는 가망고객 발굴 기법이다.
- 소개를 받는 일은 의외로 쉽다. 소개해 달라고 열정적으로 요청하면 된다. 다음은 대수의 법칙에 몸을 맡겨라.
- 고객의 정보를 얻고 이를 바탕으로 가망고객에게 접근하는 일은 좀 더 정교하게 진행해야 한다. 걸러내고 평가하고 조감하라. 그리고 자신 있게 접근하라. 세일즈라는 분야는 특별히 시간의 성숙을 요한다.

소개영업의 비밀,
아홉 살짜리 빌리에게 배우는 근본 원리

나는 1998년 백만불원탁회의 MDRT에 참가한 적이 있다. 그때 30년 간 MDRT 정회원으로 등록된 빌 케이츠Bill Cates에게서 들은 경험담을 소개한다. 소개영업이 멀리 있다고 느껴지는 이들은 아홉 살짜리 빌리에게서 배워야 할 것이 많다.

나는 나의 첫 판매경험을 마치 어제 일처럼 선명하게 기억하고 있다. 그 때 내 나이 아홉 살, 보이스카우트에 막 입문했을 때였다. 우리 조에서 돈이 필요하게 되어 판매경연대회를 갖기로 했다. 판매할 물건은 난로 필터였고, 가장 많이 판 사람에게 돌아 갈 상품은 당시 모든 아이들의 동경의 대상이었던 5단 기어 자전거였다. 나는 그 자전거가 얼마나 갖고 싶었는지 모른다. 기필코 우승하여 그 자전거를 꼭 타고 싶었다. 1960년 7월 25일, 연중 가장 더운 바로 그날 우리가 팔아야 할 물건인 난로 필터가 도착했다(가장 더운 날!, 아이러니 하지 않은가?).

그 물건을 들고 다니며 첫 판매활동을 시작한 내가 겪은 일은 말 그대로 문전박대였다. 이 집에서 저 집으로 전전긍긍하며 마침내 다다른 곳은 우리 블록의 제일 끝, 막다른 골목 안에 있는 집이었다. 드디어 그 집 문 앞에 다다랐다. 두려움과 걱정이 몰려와 내 심장은 방망이질 치기 시작했다. 아홉 살의 눈에 비친 윌크스 씨는 동화책에 나오는 도깨비와 마찬가지로 무시무시한 존재였다. 내가 그런 도깨비 집의 문을 두드리려고 서 있다니……. 마음속으로 제발 부인이 나오기를 빌면서 문을 두드렸지만 나온 사람은 다름 아닌 윌크스 씨였다. 나는 머리끝부터 발끝까지 오들오들 떨기 시작했다.

윌크스 씨가 말했다.

"빌리, 무슨 일로 왔냐?"

"난로 필터를 팔고 있어요. 우리 보이스카우트에서 돈을 모으고 있거든요. 아저씨는 필요하지 않죠? 그렇죠?"

나는 그렇게 말했다. 죽이는 클로징이지 않은가.

"이렇게 집집마다 돌아다니면서 판다는 말이냐?"

아저씨는 물었다.

"……"

그리고는 아저씨가 다시 말했다.

"내가 처음 영업을 시작했을 때 나는 냄비와 프라이팬을 들고 다니며 집집마다 팔곤 했었단다. 어서 들어오너라. 사이즈만 맞으면 필터 두 개를 사마."

아저씨의 말을 도저히 믿을 수 없었다. 내가 그 집 거실에 앉아 있는 것부터 윌크스 아저씨가 내게 친절히 대해주며 필터를 두 개나 사고 있는 이 모든 상황이 현실이 아니라 꿈만 같았다. 그날 나는 윌크스 씨가 세일즈맨이라는 사실을 처음 알았다. 그는 홀마크 Hallmark 카드사에서 매우 성공적인 실적을 올리고 있었다. 그 후로 그는 더 이상 내게 무시무시한 도깨비가 아니었다. 필터를 두 개 사고 나서 그는 내게 다음과 같이 물었다.

"그래. 빌리야, 지금까지 몇 개나 팔았니, 응? 몇 군데를 돌아다녀서 얼마나 판 거지?"

"사실은……. 한 열 집 다니다가 지금 겨우 두 개를 팔았어요."

"음, 나쁘진 않군. 너, 판매 성공률을 높이고 싶지?"

"네……."

"그렇다면 빌리야, 소개를 받아 판매를 해야 한단다."

나는 그를 멀뚱히 쳐다보았다. "간단하단다. 얘야. 저기 맞은편에 보이는 집에 안젤로 씨 부부가 살고 있단다. 가서 문을 두드려봐. 그리고 누가 문을 열고 나오면 윌크스 씨가 너를 이리로 보냈다 말하고 윌크스 씨와 통화한 걸로 안다고 말을 하렴. 그리고 윌크스 씨는 이 필터를 두 개 샀다고 말하는 거야. 여기까지 내가 한 말 알아듣겠니?"

"네."

"그리고 집을 나올 때, 그 부부에게 이웃을 소개해 달라 하고 전화 한 통화 해달라고 부탁해봐. 이런 방법을 집집마다 돌아다니며 적용해 보렴. 할 수 있겠니?"

"한 번 해볼게요."

결국 나는 그렇게도 꿈에 그리던 자전거를 가질 수 있는 길로 서서히 다가가고 있었다. 너무나 큰 도움이 될 강력한 기술을 알아냈기 때문이다. 안젤로 씨 집의 문을 두드렸을 때 안젤로 부인이 문을 열었다. 나는 다음과 같이 말했다.

"안녕하세요? 저는 저 앞집에서 온 빌리라고 합니다. 윌크스 아저씨가 안젤로 부인과 얘기해보라고 해서 이렇게 왔습니다. 저희 보이스카우트에서 모금활동을 위해 난로 필터를 팔고 있어요. 윌크스 아저씨는 두 개를 사셨어요. 부인은 필터가 몇 개나 필요하세요?"

나는 윌크스 씨에게 클로징까지 한 번에 유도할 수 있는 방법을 배웠다. 안젤로 부인은 필터 한 개를 사고 그녀 이웃의 이름을 내게 소개해 주었다. 그 길로 나는 곧장 소개받은 곳으로 뛰어다녔다. 자, 이쯤에서 여러분은 내가 말하지 않아도 우승했을 것이라고 확신하고 있을 것이다.

강한 신념과 목표의식 그리고 윌크스 아저씨에게서 너무나 유용하게 전수 받은 방법 덕분에 나는 다른 모든 스카우트 대원들이 판 필터를 전부 합친 개수인 서른 여덟 개보다 더 많은 필더를 팔 수 있었다. 물론 그 자전거의 주인이 된 것은 당연히 나였다!

아홉 살 때 터득한 첫 판매경험이 나에게 가르쳐 준 것은 **무엇을 판매하든지 가장 강력한 방법은 소개를 통한 판매라는 점이다.** 나의 성공은 소개를 받는 습관에서 비롯되었다.

지인을 통한 판매, 회원명부에 의한 다이렉트 메일 우송 등의 부차적인 가망고객 발굴 방법도 있지만 소개에 의한 가망고객 발굴이 주류를 이루고 있음은 주지의 사실이다. 가망고객 발굴의 근본 원리는 '무한연쇄법'이다. 세포 분열 이론에서 출발하고 있는 이 원리는 세일즈라는 직업을 불안하지 않게 만드는 마력을 지니고 있다. 이 원리는 고객 한 명과 상담하면 평균적으로 세 명의 새로운 가망고객을 소개 받을 수 있음을 의미한다. 이 원리를 믿고 따르며 또한 습관화시키면 영업을 시작한 지 6개월 내지 1년이 지나 본인도 주체할 수 없을 정도의 가망고객 풀Pool속에서 헤엄치게 될 것이다. 어떻게 소개를 받는지, 어떻게 접근해야만 고객들이 세일즈맨에게 다른 가망고객을 소개 해주는지 알아보기 전에 먼저 인식해야 할 사실은 소개에 의해서만이 가망고객을 지속적으로 또한 효과적으로 발굴해 낼 수 있다는 것이다.

소개영업의 시대가 열렸다

세상 모든 사람들이 천동설을 믿던 시절이 있었다. 배를 타고 바다 저

멀리 나가면 낭떠러지를 만나는 죽음의 항해를 하게 될 것이라고 했다. 콜럼버스는 지구가 둥글다는 지동설을 믿고 항해하여 아메리카 대륙을 발견했다. 결과적으로 '신대륙을 발견하여 판매'한 콜럼버스로부터 기네스북에 10년에 걸쳐 등재되었던 세일즈 황제 지그 지글러에 이르기까지 수많은 세일즈맨들이 생존과 성장을 거듭해 왔다.

인터넷을 화두로 하는 전자상거래 시대에도 여전히 양질의 정보와 차별화된 서비스로 무장한 세일즈맨들은 고객들로부터 쇄도하는 구매요청 전화를 받게 될 것이다. 경쟁력이 있는 제품을 바탕으로 철저한 고객 마인드로 무장한 잘 훈련된 세일즈맨들 그리고 정교한 판매과정과 시스템은 뛰어난 실적을 낳게 하는 주된 요소가 될 것이다. 정보통신 혁명의 시대에도 세일즈 분야는 전혀 위축되지 않고 오히려 더욱 주목 받고 있다.

우리에게 '세일즈'는 아직도 왠지 모르게 부담을 주는 단어다. 사농공상士農工商으로 표현되는 유교문화의 전통이 아직도 우리의 고정관념을 지배하고 있기 때문일 것이다. 탁월한 세일즈맨을 보면 존경을 표하면서도 '내가 할 수 있을까?'라는 자문에는 흔쾌히 결론 내리기 어려워진다. 유럽과 미국 등 선진 각국의 산업화 과정에서 알 수 있듯이 미래사회는 생산이 소비를 넘어서는 바야흐로 세일즈의 시대다. 만들기만 하면 팔리는 시대는 지났다. 뛰어난 세일즈맨들의 전설적인 이야기들이 인구에 회자되기도 한다. 일반인의 상식과는 달리 세일즈는 대단히 안정적인 직업이다. 정해진 규칙대로 게임을 펼칠 자신만 있다면 누구든지 이 세계에서 성취를 맛볼 수 있다.

전 세계 톱 세일즈맨들 대부분이 공통적으로 채택하고 있는 영업 방식이 '소개영업'이다. 소개영업이란 단어는 그동안 한국에서는 구름 뒤에 숨겨진 태양의 신비와도 같은 개념이었다. 개념도 모호한 불모지인 대한민국에서 연고판매, 강제판매, 구걸판매로 이어지는 악순환이 오랫동안 계속되어온 것도 사실이다. 어느 자동차 회사 영업부서의 세일즈 매뉴얼에는 다음과 같이 쓰여 있다고 한다.

"영업을 개시한 후 계약한 세 번째 고객이 여전히 당신이 기존에 알고 있던 사람이라면 영업직에서의 성공확률은 희박해 질 것이다."

그렇다. 세일즈는 모르는 사람들을 만나서 진행하는 한 편의 연극이다. 아는 사람들에게만 판매를 시도한다면 싫증이 나서 조만간에 그만둘 것이다. 솔직하게 말하면 아는 사람들도 그런 세일즈맨을 통해서는 더 이상 구매하려 하지 않을 것이다. 성공의 방식이 불분명할 때는 기존에 성공한 사람들의 방식을 그대로 모방하는 것도 때론 좋은 접근방법이다. 오늘부터라도 주변의 지인들과 세일즈맨 스스로에게 서로가 부담이 되는 전화를 하지 마라. 약속도 없이 불쑥 찾아가 비서에게 명함이나 던지고 오는 불성실하며 비효과적인 방법을 중단하라. 빌딩을 하나 골라 폭포처럼 훑고 내려오는 게릴라 전법을 포기하라. 목 좋은 곳에서 사냥감을 기다리듯 인내심을 갖고 고객이 덫에 걸리기를 학수고대 하지 마라. 세일즈는 확률 게임이다. 위의 방법들은 실패의 확률이 높은 방법이다. **성공하기가 어려운 접근방법을 선택하기보다는 실패할 확률이 낮은 방법을 활용하라.**

소개영업은 실패하기가 아주 어려운 방법이다. 약간의 확신과 구체적인 행동이 수반된다면 많은 세일즈맨들이 소개영업의 기법을 통하여 생존은 물론 성장을 거듭할 수 있으리라 믿는다.

왜, 소개영업인가

판매를 시작한 모든 세일즈맨들의 최초의 고객은 지인들이다. 이점에 있어서는 메트라이프도, IBM도, 현대자동차도 예외가 아니다. 지인들은 필요에 의해서나 그간의 신뢰 때문에 혹은 세일즈에 처음 발을 들여놓은 세일즈맨을 격려하기 위해 흔쾌히 지갑을 연다. 세일즈맨들은 즐거워진다. 자신감도 붙는다. 더 높은 실적을 위해 동분서주한다. 그러기를 몇 개월. 대부분의 세일즈맨들이 세상에서 가장 안정적인 직업인 세일즈를 선택한 것에 대해 후회하기 시작한다. 왜 그럴까? 아직도 주변의 지인들에게 자신감 없이 접근해서 판매를 시도하고 있거나 찾아갈 지인들조차 모두 메말라 버렸기 때문이다. 이때 필요한 방법론이 소개영업이다.

  소개영업의 정의는 단어의 뜻 그대로 '전체 판매과정을 전개하는 데 있어 가장 중요한 가망고객을 발굴하는 원천은 세일즈맨이 알고 있는 주변의 지인이 아니라 제삼자로부터 소개받아 또 다른 제삼자에게 전개하는 영업방식'이다.

  영업분야에서의 성과와 탁월성은 몇 개월에 결론이 나는 것이 아니다. 최소한 2년은 해 보아야 결과가 조금씩 선명해진다. 세일즈에 입문한 지 2년쯤 지나면 나도 모르게 자신이 두 종류의 세일즈맨 집단 중 하나에 속해 있음을 느끼게 된다.

첫 번째 부류는 만날 시간이 없는 세일즈맨이다. 가망고객들은 넘쳐나고 약속은 일주일 내내 꽉 차 있으며 그의 휴대전화는 정말 때와 장소를 가리지 않고 울려댄다. 이 부류의 세일즈맨들은 영업 초기부터 소개영업만이 생존 방식이라는 것을 알고 있는 사람들이다. 따라서 이런 세일즈맨들은 지인들과의 만남에 있어서도 계약 그 자체보다 더 중요하게 생각하는 것이 좋은 가망고객을 소개받는 일이라는 것을 실천에 옮긴다. 그들은 소개받은 가망고객을 소중히 생각하며 이를 일목요연하게 정리한다. 가망고객의 숫자가 100명, 200명을 넘게 되면 자신감을 얻게 되어 자기도 모르게 큰 계약을 시도하고 보다 효율적인 시장에 접근하여 어느덧 세일즈 프로페셔널로서 우뚝 서게 된다. 고객들은 질 높은 정보와 적극적인 서비스 마인드를 가진 그와 거래하고 싶어 한다. 왜냐하면 그는 전문가이며 사람들은 전문가를 신뢰하기 때문이다.

두 번째 부류는 불행하게도 만날 고객이 없는 세일즈맨이다. 주로 사무실에 있거나 주변의 눈치 때문에 사우나에 자주 가게 된다. 항상 '내일은 잘 할 수 있다'라고 다짐한다. 왜 오늘부터 잘하지 못하는 것일까? 가망고객을 소개받는 일이 영업직에서 가장 중요한 과정이라는 것을 영업 초기에 놓쳐 버렸기 때문이다. 몇 달이 지난 후, 그 중요성을 인식하고 다시 시도하지만 이미 습관이 형성되어 바꾸지 못하고 주저앉는다.

가망고객 발굴, 그 영원한 과제

일반인들이 갖고 있는 또 하나의 오해는 세일즈를 하나의 짧은 행위로 이해하고 있는 것이다. 늦은 퇴근길 전철 안에서 큰 가방을 들고 나타난 어느 세일즈맨의 외침에 여러분은 모두 익숙해져 있을 것이다.

"이 제품으로 말씀 드릴 것 같으면……미국 수출에 주력하다…… 이번에 회사의 부도로…… 단 돈 2,000원이면……"

아주 짧은 순간에 이루어지는 판매행동. 그러나 이것이 세일즈의 전부가 아니다. 세일즈는 오히려 과정이다. 정유공장과 흡사하다. 원유를 수입해서 정유 공정라인에 투입하여 그 결과로 환경 친화적인 휘발유를 얻게 된다. 아무리 좋은 판매 시스템과 제품 그리고 판매원을 갖고 있어도 공장을 돌릴 원유(가망고객)가 없으면 무용지물이다.

그러면 질문을 던져보자. 다음 중에서 판매과정에 있어 가장 중요한 것은 무엇인가?

❶ 제품 경쟁력
❷ 가망고객의 니즈와 욕구수준
❸ 효과적인 거절처리
❹ 강력한 종결(클로징)
❺ 임팩트 있는 판매권유

❻ 고객 상황에 적합한 제품의 제안

❼ 회사 소개와 제품 설명으로 고객 니즈를 환기시킴

　선택했는가? 1번이나 2번을 선택하고 싶겠지만 조금 더 생각해 보면 뒤의 항목일수록 중요도가 점점 더 커진다는 것을 알 수 있다. 그러나 우리가 여기에서 반드시 짚고 넘어가야 할 교훈은 '판매과정에 있어 중요한 단 한 가지 문제는 좋은 가망고객을 어떻게 발굴하느냐'이다. 실적이 낮은 세일즈맨을 나누는 절대적인 요소는 위에서 예시된 단계별 스킬의 탁월성이 아니라 자신의 탁월한 세일즈 역량을 펼칠 수 있는 기회를 가질 수 있느냐의 여부에 달려 있는 것이다.

　사람의 능력엔 별 차이가 없다. 일정한 기간이 지나고 나면 업계에서 종사하고 있는 사람들의 지식과 스킬은 거의 비슷하게 향상된다. 그러나 불행하게도 태도와 습관 면에서는 차이가 많이 발생하며, 이 차이는 기적이 일어나기 전에는 쉽게 역전되지 않는다. 나중에 자세히 설명하겠지만 세일즈 깔때기 이론에서 영업의 성과를 올리기 위한 첫 번째 단추는 깔때기의 제일 윗부분 즉 가망고객의 숫자를 늘려야 한다는 점이다. 다른 해결책은 없다. 만약 다른 해결책이 있다면 그것은 대수의 법칙에 근거한 것이 아니라 소수의 세일즈맨들이 부딪히는 특수한 상황에서만 효력이 발생되는 최음제와도 같은 것이다.

소개영업의 대표적인 세 가지 이점

단기간의 승부에 강한 사람들은 그들의 성향대로 단타 즉 치고 빠지기에 강하다. 그러나 세일즈는 6개월에 끝낼 게임이 아니다. 그 여정을 마라톤 코스에 비유한다면 처음부터 끝까지 100미터 전력질주의 속도로 전 구간을 달려야 하는 힘든 레이스다. 조 지라드의 '250명의 법칙'에 의하면 평균적으로 한 사람의 결혼식장이나 장례식장에 250명의 하객과 조문객이 방문한다고 한다. 250명이라면 놀랄만한 숫자다. 한 명의 고객 뒤에 감춰진 실제 가망고객은 이 숫자를 능가할 수도 있을 것이다. 1-3-9-27-81-243-729……. 3의 배수의 연속이다. 만나는 고객들로부터 세 명씩의 신규 가망고객을 소개받을 수 있다면 어떤 세일즈 분야에 있든지 승부는 이미 끝났다고 볼 수 있다. 자신도 모르게 전문적인 세일즈맨이 되어 주변으로부터 부러움의 대상이 될 것이다.

많은 세일즈맨들이 어떻게 프로 중의 프로 집단인 초기 푸르덴셜에서 3년 연속 챔피언을 할 수 있었느냐고 내게 묻곤 한다. 나는 성공요소 중에 하나를 꼽으라면 단연 소개에 의한 가망고객의 지속적인 발굴이라고 답한다. 화려한 화술, 수려한 용모, 깊은 인간관계, 탁월한 상품 등의 부수적인 성공요소에 대한 답변을 기다리던 사람들은 모두들 실망하는 눈빛이 역력했다. 그러나 사실이다. 슬럼프에 빠져 에이전트라는 일의 성공에 대해 회의가 들 때에도 한 가지 놓지 않았던 긴장의 끈은 '소개확보'였다. 초기에는 맹목적으로 가망고객을 만나고 실패하는 일련의 경험을 쌓으면서 자연적으로 이 소개확보가 생존의 키워드임을 깨달았기 때문이다.

다시 한 번 강조하건대 세일즈는 대수의 법칙이 통하는 게임이다. 계약 성사율은 개인의 역량에 따라 차이가 발생하지만 높낮이가 심하지 않다. 높은 성공률을 보이는 세일즈맨들도 활동량이 왕성하지 못한 경우가 많다. 신은 공평하다. 보유하고 있는 가망고객의 숫자는 과거와 현재, 세일즈맨의 영업 수준을 말해주며 또한 미래의 성과와 소득을 결정짓는 주된 요소이다.

예수의 열 두 제자는 보지 않고도 믿었다고 한다. 이 중 가롯 유다만이 보지 않은 사실에 대해 믿지 않고 배신과 밀고의 악순환을 자행하게 된다. 영업을 시작하고 일정한 기간이 지나면 소개에 의한 가망고객 발굴이 얼마나 중요한 키워드인지 알게 된다. 만약 아직도 모르고 있다면 다시 한 번 자신의 영업 활동을 점검해 보아야 한다. 처음부터 오직 소개영업의 중요성에 대해 인식한 세일즈맨들만이 성공의 반열에 오를 수 있다.

그렇다면 왜 지인에 의해, 텔레마케팅에 의해, 지역 할당에 의한 게릴라식 접근방법보다 소개영업에 더 집중해야 할까. 그 답은 효율성이다. 절대적 노동량과 시간, 비용 등의 투입량보다 더 많은 계약과 고객만족 그리고 또 연속적인 소개라는 산출량을 낼 수 있는 가장 효과적이며 효율적인 방법이 바로 소개영업이라는 사실이다. 만약 그 방법이 빌딩의 최고층부터 아래층까지 모든 사람들을 만나고 내려오는 전통적 영업방식인 빌딩타기라면 이 글의 주제가 그것이 되었을 것이다. 아니 그전에 전 세계 톱 세일즈맨들이 벌써 그 방법을 사용했을 것이다. 소개에 의한 방식은 다음과 같은 이점이 있다.

첫째, 소개영업은 소개자의 영향력에 의해 판매성공률이 획기적으로 증대된다.

소개영업의 경우는 세일즈맨이 가망고객을 접촉하기 이전 단계부터 새로운 가망 고객에게 영업과정이 전개되기 시작한다. 소비자들은 자신의 인식보다는 이차적인 인식에 근거하여 구매결정을 내리는 경우가 빈번하다. 즉 사람들은 자신의 인식을 활용하는 대신 제품이나 서비스에 대한 타인의 인식과 평가를 근거로 구매결정을 내리는 것이다. 나의 경험에 의하면 신규 가망고객에게 접근했을 때 "그 선배님께서 생명보험 프로그램을 소개하셨다고요? 아, 예. 오시죠. 그분이 소개했다면 어련하겠습니까."라는 반응을 보이는 경우가 종종 있다. 그 다음 프로세스는 여러분의 상상에 맡긴다. 계약단계에서부터 실패하기가 어려워진다는 뜻이다. 사람들은 우리가 알고 있는 것보다 훨씬 더 빈번하게 그리고 세밀하게 소통한다. 열정적이며 믿을 만한 세일즈맨을 만나면 기억해 두었다가 본인이 필요할 때나 주변 사람들의 구매의사를 알게 되면 명함 수첩을 뒤진다는 사실을 명심해야 한다. 그러므로 자신이 모든 세일즈를 다하지 않아도 된다. 기존 고객 혹은 현재 고객들을 만족시켜 스스로 큰 소리 내어 그들의 세일즈맨인 나를 자랑하게 만들어야 한다. 그리고 당연히 세일즈맨은 그 네트워크의 핵심에 서 있어야 한다.

둘째, 소개영업은 세일즈라는 업무를 단기적으로 끝내지 않고 영속적으로 수행케 한다.

  소개에 의하지 않고 다른 방법에 의존하면 비효율적이기는 하지만 그런대로 영업활동을 펼칠 수 있다. 그러나 시간이 지날수록 지치고 피곤해 진다. 왜냐하면 성공확률이 희박해서 업무의 능률이 오르지 않기 때문이다. 아무리 독한 마음을 품고 시작한 세일즈맨도 끝이 보이지 않는 등반이라면 중도에 포기하기 십상이다. 플로렌스 채드윅이라는 철인은 영국해협을 왕복으로 헤엄쳐서 건넌 최초의 여성이었다. 그녀가 세운 또 하나의 목표는 미국의 성 카탈리나 St. Catalina island 섬에서 캘리포니아 해안까지 수영으로 횡단하는 것이었다. 1952년의 어느 여름, 그녀는 이 대기록에 도전했다. 그날따라 바다는 얼음처럼 차가웠고 안개는 주변을 호위하는 보트를 가릴 정도로 심했다. 결국엔 백만 명이 넘는 텔레비전 시청자들의 기대를 저버리고 그녀는 기록도전을 포기하고 만다. 그녀를 굴복시킨 것은 추위나 피로감이 아니었다. 안개 때문에 그녀는 자신의 목표를 볼 수가 없었던 것이다. 가망고객의 숫자가 채워지지 않고 계속 현재의 영업방식을 고수하면 안갯속을 헤매는 결과를 낳게 될 것이다. 소개를 계속해서 받으면 결과야 어떻든 일단 만날 수 있는 가망고객들이 생긴다. 만나서 상담하는 것은 그렇게 어렵지 않다. 또한 세일즈맨들 간의 차이도 그다지 발생하지 않는다. 만날 수 있는 가망고객이 얼마나 되느냐는 톱 세일즈맨과 평범한 세일즈맨을 구분짓는 잣대이다. 오래 즐기면서 세일즈라는 범선에 승선해 있으려면 소개에 집중해야 한다. 그렇지 않으면 멀미에 시달리다가 결국엔 배에서 내리게 된다.

셋째, 소개영업에서는 영업활동의 주도력을 발휘할 수 있다.

가망고객의 숫자가 늘어나면 가망고객 풀을 놓고 위에서 조감해 볼 수가 있다. 지역, 연령, 직업, 소득, 기타 특성에 따라 세일즈맨의 의도에 맞춰 영업활동을 전개할 수 있다. 탁월한 세일즈맨은 본인의 스케줄을 고객에게 일방적으로 맞추지 않고 주도력을 발휘한다. 고객과 상담 및 구매일정에 대해 의견을 교환하고 자신의 시간계획에 따라 가장 효율적으로 상담일정을 배치한다. 그러나 소개에 의한 가망고객 리스트가 바닥이 나 있는 세일즈맨은 매일매일 상담일정을 배치하는 데 어려움을 겪게 된다. 하루가 이러니 주간 및 월간 일정은 두말할 필요가 없다. 오전에 여의도, 오후에 삼성동, 다시 저녁 때 여의도로 향하는 최악의 상담일정 시나리오를 스스로가 오늘도 쓰고 있을 수 밖에 없게 된다. 소개에 의해서 가망고객을 지속적으로 확보하게 되면 하루 종일 여의도에 머물러 있을 수도 있다. 하루에 세 명의 고객을 만나는 사람과 여섯 명의 고객을 만나는 세일즈맨의 성과가 어떨지는 불을 보듯 자명한 것이다.

소개영업의 열 가지 단계

지금까지 우리는 소개영업의 중요성에 대해 알아보았다. 영업을 개시한 후 일정시점이 지난 대다수의 세일즈맨들은 소개의 중요성에 대해 이미 체험적으로 잘 알고 있다. 그러나 중요성을 아는 것과 구체적 행동으로 소개를 받는 것은 별개의 문제다. 수많은 세일즈맨들로부터 "소개는 어떻게 받아야 합니까?"라는 질문을 받곤 한다. 심지어 굴지의 시중은행에서 가졌던 강연회에서는 이 주제만을 가지고 무려 한 시간에 걸쳐 질의응답을 한 적도 있다.

자, 상상해 보라. 어떻게 하면 소개를 받을 수 있을까? 많은 사람들이 어떻게 얘기할까, 누구를 소개받을까, 소개받은 고객에 대해 어떤 정보를 얻을까, 소개를 받은 다음에는 어떻게 소개받은 고객을 처리해야 하나 등의 질문에 대해 고민하고 있을지 모르겠다. 소개를 받는 가장 효과적인 방법은 고객에게 소개를 해달라고 '요청'하는 것이다. 여기에는 두 가지 수식어가 첨부된다. '그냥' 소개받는 것과 '미친 척' 하고 소개를 받는 것이다. 다시 정리를 하면, '그냥 소개해 달라고 자신 있게 요청한다. 미친 사람처럼'.

독자들 중의 대다수는 "그게 무슨 방법이야. 아무나 할 수 있겠는데."라고 생각할 수도 있겠다. 세일즈는 확률 게임이다. 42개월의 에이전트 생활 동안 약 천 8백여 명과 상담한 나의 경험에 의하면 당신이 그냥 소개해달라고 요청하면 요청을 접수한 고객들 중의 일부는 확률적으로 약 40퍼센트가 아무 말 없이 소개에 응한다. 아홉 살짜리 빌리가 아무 생각 없이 이웃 아저씨에게 필요하지 않을 것 같은 난로 필터를 권유한 후 받은 충격에 대해서 생각해 보자.

계약의 체결과 마찬가지로 소개도 독자들이 생각하는 기대를 추월하는 경우가 자주 발생한다. 고객의 의도와 상관없이 그냥 소개해 달라고 요청해 보자. 40퍼센트의 고객에게서는 좋은 결과가 있을 것이다. 나머지 60퍼센트에 대해서는 어떻게 할까? 확률에 맡겨야 한다. 그 중 30퍼센트 정도는 아무리 강하게 요청해도 절대 소개에 응하지 않을 것이며 나머지 30퍼센트가 세일즈맨의 태도와 화법에 따라 소개해 줄지 여부를 결정한다. 어떻게 하면 이 30퍼센트의 고객들로부터 신규 가망고객을 소개받을까? 미친 척해야 한다. 소개에 얼마나 정성을 기울이고 있는지, 세일즈맨에게 있어 소개가 얼마나 중요한지가 태도나 표정, 말투에서 느껴지도록 분명히 보여줘야 한다. 소개에 대한 세일즈맨의 태도가 새빨간 색이면 고객은 비로소 분홍빛으로 변하여 자신의 지인들에 대한 정보를 열어 준다.

국내 모 이동통신회사 임원회의의 슬로건은 "세일즈에 실패한 임원은 용서받을 수 있어도 고객 서비스에 실패한 임원은 용서받을 수 없다."는 것이다. 세일즈맨이라면 다음의 문구를 명심하자.

"계약에 실패한 세일즈맨은 용서받을 수 있어도 소개확보에 실패한 세일즈맨은 용서받을 수 없다."

이제 소개영업의 열 가지 절차에 관해 알아보자.

❶ 소개 받을 용지와 좋은 펜을 준비한 채, 그냥 미친 척하고 소개를 요청하라.

펜과 계약서는 계약체결에 있어서 강력한 묵시적 동의의 한 방법이다. 펜과 소개용지가 소개에 대한 당신의 열의를 대변한다. 예를 들어보자.

"소개 좀 해주십시오."

"주변 분들 중에서 저희 프로그램에 대한 정보를 필요로 하시는 분들, 소개 좀 부탁 합니다."

자, 어떤가? 너무 어려운가?

❷ 고객이 펜을 잡고 작성을 시작하면 얼마 동안 참견하지 말고 그대로 두라.

만약 작성하는 도중에 중단되거나 시간을 끌면 ❹단계로 진행하라.

❸ 고객이 소개에 대해 부정적이거나 머뭇거리면 소개의 취지와 용도에 대해 설명하라.

예를 들어보자.

"지금까지 설명을 드린 저희 프로그램에 만족하십니까?"

대부분의 경우는 예스라고 답한다.

"선생님의 주변 분들 중에서도 저희 프로그램에 대한 정보를 필요로 하는 분들이 있으실 겁니다. 저희들은 계약 그 자체보다는 소개해 주시는 분들을 생각하여 객관적인 정보를 제공해 드리기 위해 최선을 다할 것입니다."

"선생님께서 저희 프로그램을 소개해 주시면 소개받으시는 분들은 선생님의 탁월한 안목에 놀라움과 고마움을 표시할 것입니다."

"세일즈를 하는 저에게 있어 가장 어려운 것은 지금처럼 선생님께 저희 프로그램을 설명 드리는 것이 아니라 만날 수 있는 소중한 분들을 소개받는 것입니다. 주변 분들 중에서 이 정보를 가장 빨리 전해주고 싶은 분들을 세 분만 소개해 주십시오. 부탁합니다."

❹ 고객들이 소개해 줄 수 있는 사람들에 대해 자연스럽게 떠올릴 수 있도록 협력하라.

다음과 같은 예를 참고하라.
"어릴 적 친구 분 중에서 가장 친하신 분이 계십니까?"
"지난주에 만났던 친구 분이 누구십니까?"
"가족 분들 중에서 이 프로그램을 가장 필요로 하는 분들이 누구라고 생각하십니까?"
"선생님을 가장 따르는 후배 분은 누구십니까?"
"업무관계로 자주 만나시는 분은?"
"저희 메트라이프의 보장 프로그램은 가족을 사랑하는 가장으로서 자신의 분야에서 앞서가는 분들이 선택하고 있습니다. 합리성과 가족애를 가지신 분들 중에서 선생님에게 있어서 소중한 분들 세 분만 소개해 주십시오."

❺ 고객이 소개용지에 가망고객을 적고 나면 가망고객에 대한 구체적인 사항을 질문하라.

고객들은 이름과 회사 그리고 전화번호 수준의 정보만 알려줄 가능성이 있다. 우리가 원하는 것은 조금 더 포괄적이며 구체적인 정보다.

❻ 신규 가망고객에 대한 정보를 전부 얻게 되면 일단 감사를 표하고 소개자한테 신규 가망고객에게 소개전화를 해달라고 정중히 부탁하라.

예는 다음과 같다.

"김 과장님과는 자주 만나십니까?"

"예."

"혹시 가까운 시일 내에 김 과장님과 통화하시거나 만나시면 저희 회사와 저를 소개해 주셨다고 말씀해 주십시오. 이 차장님께서는 좋은 의도로 소개해 주시지만 김 과장님께서 혹시라도 오해하실 수 있습니다. 왜 소개하셨는지, 소개의 취지도 설명해 주십시오. 회사나 프로그램에 대한 구체적인 정보는 밝히지 말고 필요한 정보이니 그냥 편하게 한 번 만나 보라고만 전해 주십시오."

❼ 소개받은 가망고객에 대한 구체적 정보를 입력하고 진행과정을 모니터링 하라.

자료와 정보의 차이는 그것을 얼마나 이해하고 가치 있게 가공하느냐의 차이다. 세일즈맨이 고객으로부터 얻은 소중한 고객 정보들은 첩보원들이 획득한 정보보다 훨씬 더 객관적인 자료에 머물러 있다. 이제 그 자료에 생명을 불어넣는 작업이 남아 있다. 언제 어떻게 어떤 방식으로 신규 가망고객에게 접근할 지에 대해 고민을 시작하면 살아 움직이는 가망고객 정보 파일이 생성된다.

❽ 기존에 만났던 고객에게 전화를 걸어 소개전화 여부와 통화 내용에 대해 파악한다.

앞서 밝힌 바 있지만 우리가 알고 있는 것보다 사람들은 훨씬 세밀하게 의사소통을 한다. 세일즈맨이 소개를 받고 자리를 떠나자마자 일부 성미 급한 고객은 자신이 소개한 고객에게 전화를 하기 시작한다. 그러나 대다수의 사람들은 소개전화를 잊곤 한다. 전화로 기존고객에게 소개전화를 걸었는지, 무슨 이야기가 오고 갔는지를 확인하라. 당신이 신규 가망고객에게 판매를 위한 전화를 걸기도 전에 이미 소개자의 영향력이 발휘되기 시작했다고 느끼는 순간, 세일즈는 이미 시작된 것이다.

❾ 적당한 숙성 기간과 기존 고객과 신규 가망고객의 의사소통 수준을 가늠하며 자신감을 가지고 가망고객에게 접근하라.

이메일, 전화, 직접 방문 등 어느 것도 좋다. 분위기는 서서히 무르익었고 이제 당신이 할 일이 생긴 것이다. 소개받은 사람에게 처음 전화하면서 "〇〇〇님의 소개로 전화 드렸습니다."라고 말하는 것은 무의미하며 소개의 효과를 반감시킨다. 가망고객에 대한 충분한 정보를 얻었다면 다음과 같이 접근해 보라.

"안녕하십니까? 저는 메트라이프의 차태진입니다. 선생님은 저를 모를 겁니다. 제가 전화를 드린 것은 다름 아니라 친구 분 되시는 〇〇〇 씨께서 최근 저희 메트라이프의 재정 컨설팅 프로그램을 접하신 후 많은 도움이 되셨다고 하시면서 이 정보가 선생님께 꼭 필요하다고 추천해 주셨습니다. 선생님께 도움이 될지는 알 수 없지만 아주 짧은 시간이면 충분하기 때문에 꼭 한 번 만나 뵙고 싶습니다. 월요일 오후 2시가 좋으시겠습니까, 목요일 오전 10시가 좋으시겠습니까?"

⑩ 소개를 해준 기존 고객에게 감사를 표하라.

소개를 해준 기존 고객에게 신규 가망고객과 언제 만났는지, 현재 진행 상태가 어떤 지에 대해서도 자세히 설명하라. 혹시 계약이 일어나지 않더라도 다시 한 번 소개해 준 것에 대해 감사하라. 1994년 미국의 한 리서치기관의 조사에 따르면 소개를 해준 사람에게 감사를 표하기 위해 작은 선물을 준비한 세일즈맨이 그렇지 않은 사람에 비해 약 40퍼센트 가량 더 많은 소개를 받았음을 알 수 있다. 많은 세일즈맨들이 상담과정에서 식사와 술을 대접하거나 계약이 체결되면 큰 선물을 하기도 한다. 그러나 이것은 자신이 판매하고 있는 제품이나 서비스에 대한 품위를 떨어뜨리는 행동이다. 소개에 한해서만 선물하라. 미국의 톱 세일즈맨들이 주로 이용하는 소개에 대한 선물은 신선한 쿠키, 오일 교환권, 무료 세차 티켓, 즉석복권, 아이스크림 쿠폰, 영화 티켓, 아이들을 위한 장난감, 요리책, 취미와 관련된 아이템 등이다.

고객으로부터 소개를 받은 가망고객은 다음과 같은 정보를 알아내야 한다.

신상 기본 정보 _ 이름, 나이, 성별, 직업

접근 정보 _ 회사명, 부서, 직책, 회사 전화번호, 회사 위치, 자택 전화번호, 자택 위치

가족 정보 _ 결혼유무, 자녀 수, 배우자 직업, 재산 정도

개인 추가 정보 _ 출신학교, 성격, 연간소득, 의사결정 스타일, 취미

구매 정보 _ 현재 가입한 프로그램, 지출액, 추가 구매의사

관계 정보 _ 소개자, 소개자와의 관계, 커뮤니케이션 빈도, 친밀도, 영향력 정도

최근 변경 정보 _ 결혼, 출산, 이혼, 승진, 전직, 연소득인상, 특별 상여

이상의 정보를 소개자로부터 한 번에 다 얻어내는 것은 거의 불가능하다. 그러나 소개자가 소개용지 작성을 완료하고 난 시점부터 세일즈맨의 질문에 의해 하나씩 소중한 정보들을 얻게 된다. 소개에 열중해 있다는 것을 고객이 느끼게 해야 한다. 세일즈맨의 질문과 정성에 소개자는 전화를 들어 소개의 취지와 프로그램의 가치에 대해 설명하기 시작할 것이다.

소개용지에 얻을 수 있는 다양한 정보를 취합한 후 사무실로 돌아와서 정보의 분류작업을 시작한다. 소개받은 가망고객들을 'Hot, Warm, Cold' 세 부류로 나누어서 반드시 컴퓨터에 입력해야 한다. 엑셀 정도면 충분하다. 엑셀의 레코드 관리를 이용하면 손쉽게 자료를 축적할 수 있다.

해묵은 소개용지 더미를 매일 들추며 가망고객에게 전화하지 말고 가장 최근에 갱신된 컴퓨터 파일을 인쇄하여 한 명씩 접근해야 한다. 접근을 할 때나 접근 전에 소개자에게 소개 전화를 부탁할 때

얻게 된 추가정보도 놓치지 말고 메모해 두었다가 컴퓨터 파일에 다시 업데이트해야 한다. 습관이 되기까지는 조금 어렵지만 한 번 습관이 몸에 배고 계약이 체결되기 시작하면 자신도 모르게 엄청난 자신감을 얻게 될 것이다.

마지막 점검 _ 소개, 그 마르지 않는 샘물

소개영업에 대한 아래의 네 가지 중요한 메시지는 아무리 강조해도 지나치지 않다.

❶ 판매과정에서 가장 중요한 이슈는 가망고객 발굴이다.
❷ 소개에 의한 영업방식은 전 세계 톱 세일즈맨들이 공통적으로 사용하고 있는 가망고객 발굴 기법이다.
❸ 소개를 받는 일은 의외로 쉽다. 그냥 소개해 달라고 열정적으로 요청하는 것이다. 대수의 법칙에 몸을 맡겨라.
❹ 고객의 정보를 얻고 이를 바탕으로 가망고객에게 접근하는 것은 조금 더 정교하게 진행해야 한다. 걸러내고 평가하고 조감하라. 그리고 자신 있게 접근하라.

혹시 세일즈맨 중에서 소개의 중요성은 인식했지만 아무렇게나 영업 활동을 진행시켜도 확률적으로 소개를 받을 수 있다고 오해하고 있는 사람들은 없는가? 소개를 받지 못하는 세일즈맨들은 판매

과정의 각 단계에서 아래와 같은 문제를 일으키는 사람들이다.

- 다 죽어가는 목소리로 전화를 걸어 약속을 잡으려 한다.
- 약속 시간을 어겨 허겁지겁 상담에 임한다.
- 신뢰가 가지 않는 복장으로 나쁜 첫인상을 남긴다.
- 자기가 판매하고 있는 제품에 대해 자기 스스로도 확신이 없다.
- 고객의 이익보다는 자신의 이익을 먼저 생각한다.
- 고객보다 제품과 서비스에 대한 정보가 취약하다.
- 고객의 니즈와는 전혀 다른 방향으로 프레젠테이션을 진행한다.
- 고객으로부터 알게 된 개인 정보에 대해 비밀을 누출시킨다.
- 고객과의 사소한 약속조차 지키지 않는다.

현재의 내 모습은 과거 나의 태도와 습관에서 비롯되었다. 소개 확보에 성공하기 위한 기본적 전제는 판매 과정에서 사소한 것을 놓치지 않고 최선을 다해 전화를 걸며 약속을 잡고 만나는 것이다. 당구 게임의 기본과도 일치한다. 큐대로 우선 내 볼을 맞히고 운이 좋으면 나머지 볼들을 맞히는 것이다. 내 공을 먼저 맞추지 못하면 다음 사람에게 순서가 넘어간다. 소개영업에 성공하는 것은 나머지 볼들을 맞추는 과정이다. 우선 소개 전의 판매단계에서 내 공부터 착실하게 맞추어야 한다. 성공적인 사업가들은 명함이 떨어지는 일이 없다. 약속시간도 칼처럼 지킨다. 세일즈맨이 소개영업에 성공하기 위해서는 기본에 더 충실해야 한다.

MDRT 종신회원들이 말하는 소개영업

소개는 생명줄이다. 당신이 누구를 만나고 싶은지 떠올려보고 그 사람들을 누가 알고 있는지 또 누가 소개를 해줄 수 있는지 정리해 보라. 소개는 당신의 네트워크가 잘 돌아가느냐에 따라 원활히 이루어 질것이다.
_ Johnny R. Adcock

나는 영향력을 이용한다. 그래서 우선 만나고 싶은 사람 명단을 만들 때 참고할 만한 사람들부터 찾는다.
_ Earl R. Eastman

소개. 끊임없는 소개요청, 이것이야말로 우리 비즈니스의 생명줄이다.
_ Alfred A. Gelfond

 계속하여 소개를 요청하라. 소개받은 사람이 없는 것은 내가 요청하지 않았기 때문이다. 고객과 있는 매순간 소개용지를 꺼내라. 이것은 '별개의 판매'나 마찬가지다. 나는 고객에게 다음과 같이 말한다. "저는 오직 제가 소개받은 사람들을 만나는 데 흥미가 있을 따름입니다." "가장 중요한 것은 서로를 어떻게 느끼느냐에 있습니다. 혹시 이런 사람을 알고 있습니까? 첫째 보장이 필요한 사람, 둘째

사업가, 셋째 전문직 종사자!"
_ Tony Gordon

서비스는 우리의 넘버원 상품이다. 가치가 겸비된 서비스는 소개를 유도한다. 당신이 유익한 일을 하고 있다면 사람들은 자연스럽게 그것을 알게 된다. 소개는 매우 중요하다. 이것은 소개자의 영향력에서 출발한다.
_ Frank A. Creaghan

성직자, 변호사, 회계사, 재정 상담가 등의 전문적인 조언가가 소개자로서 가장 적격이다. 그들과 연계를 맺어 스포츠 등의 사회활동에 참가하라. 그들의 품격에서 보석 같은 소개가 쏟아진다. 관계를 발전시키는 것은 여러 해가 걸린다. 바르게 대우하고 그들에게 사업상의 도움을 주라.
_ William F. Leisman

소개는 나아가야 할 유일한 길이다. 그러나 효과적인 소개를 받으려면 집중적인 노력이 필요하다
_ Paul K. Marchand

소개는 내 사업의 생명줄이다. 절대적인 것이다.
_ Bobb A. Meckenstock

소개를 위해 고객과의 대화를 유지하라.
_ John A. Packal

'느끼고 말하라.' 이 방식을 통해 고객들이 우리를 위하여 이름을 떠올릴 수 있도록 도와주라. 가망고객의 조건과 예상되는 성향을 제시해 주면 그들은 다른 사람들의 이름을 자연스럽게 떠올리게 된다.
_ Wilmer S. Poynor

증권전달 시 소개를 요청하라.
_ Ann Ramsay Spinazzola

소개의 필요성을 절실히 깨닫는 것은 우리 사무실 내 모든 직원들의 책무다. 내가 비록 많은 사람들에게 알려져 있지만 소개를 많이 받으려는 습성은 여전히 내 몸에 배어 있다.
_ David A. Stinnett

Champion Dictionary

니드에 근거한 판매 Need based Selling

반대개념은 연고판매, 강매 혹은 구걸판매. 고객의 핵심 니즈가 무엇인가를 파악할 줄 아는 이해 능력과 이 니즈에 맞추어 프로그램을 제안하고 계약해 내는 컨설팅 능력이 요구된다. 니즈에 의해 판매된 계약은 오랜 기간동안 지속된다. 또한 신기한 사실은 만족한 고객이 주변인들에게 자신의 니즈에 맞는 상품을 구매했다는 사실을 알리기 시작한다는 것이다.

대수의 법칙 The Law of Large Number

동전을 만 번 던지면 앞면이 5,001번, 뒷면 4,999번 나온다는 이론. 10번 던지는 경우에는 앞면이 무려 7~8번까지 나올수도 있다. 생명보험이 대수의 법칙에서 출발하고 있다는 사실을 아는 사람은 많지만 세일즈도 대수의 법칙에서 벗어나지 않는다는 것은 망각하기 쉽다. 10명의 가망고객 중에서 6명을 만나고 이중 세 명으로부터 계약이 이루어지는 과정이 한 주, 한 달, 일년이 계속되고 나면 세일즈는 결국 확률게임이라는 것을 알게 된다. 만나서 무슨 말을 할까 고민하기보다 무조건 많은 사람들을 만나야 하는 것이 모든 세일즈맨의 큰 숙제이다.

세일즈

'영업'의 영어식 표현. 세일즈는 무엇일까에 대한 개념정리를 시도하던 미국의 어느 행동과학자는 "세일즈는 인생이다."라고 정의했다. 재화나 용역이 생산자의 손에서 그것을 가장 필요로 하는 소비자의 손으로 넘어가는 과정을 세일즈라고 정의하는 협의의 개념보다 훨씬 포괄적이다. 세일즈의 황금률. "본인의 의사와는 무관하게 거의 모든 사람들이 세일즈 행위를 하고 있다. 심지어 의사나 변호사 성직자들 같은 전문가들조차도……. 잘 팔아라. 그러면 성공할 것이다."

소개

프로그램에 만족한 고객이 주변의 지인들에게 자신이 구매한 프로그램과 세일즈맨을 적극적으로 홍보하는 과정. 시장적 표현으로는 '고객의 등 두드리기'로 요약된다. 한국 뿐 아니라 전 세계 톱 세일즈맨들이 채택하고 있는 유일한 가망고객 발굴 비법 '소개 마케팅'은 주소록에 의한 다이렉트 메일 우송이나 빌딩을 하나 택해 위층부터 훑어내려오는 빌딩타기가 아니라 소개에 의한 신규고객의 창출이다.

Strategy 5
톱 세일즈맨들의 공통 자산, KASH

- 지식과 기술만으로는 톱 세일즈맨이 될 수 없다.
- 적극적인 태도를 갖기 위해 노력하라. '어떻게' 하느냐 보다는 '왜' 하느냐가 중요하다.
- 판매 시 가망고객을 배려하는 태도, 업무에 대한 적극적인 태도, 회사와 상품에 대한 신념, 자기 자신에 대한 믿음 등의 태도가 고객의 마음을 뒤흔드는 마술의 힘을 갖고 있다.
- 태도는 전염된다. 강하게 급속도로 전염시키기 위해서는 세일즈맨 스스로가 밝고 강하며 긍정적인 태도를 가져야 한다.
- 많이 안다고, 능수능란하게 상담을 진행시킨다고 해서 톱 세일즈맨이 되는 것은 아니다. 태도에 집중하라.

두려움도 때로 무기가 된다

내가 과연 1996년 1월 3일을 잊을 수 있을까? 한 달간의 전쟁 같은 트레이닝을 끝내고 내가 필드의 전사로 첫 발을 내디뎠던 날이다. '잘 해낼 수 있을까?' 그것은 일종의 두려움이었다.

 1995년 12월 초, 나는 푸르덴셜에 합류한 후 '학습능력Trainability' 이라는 개념에 사로잡혔다.

 서예를 처음 배우기 시작하면 사부님은 유명 서예가의 필체를 그대로 모방하라고 가르친다. 지겨운 과정이 계속된다. 쓰고 또 쓰고, 쓰고 또 쓰고. 그런데 어느 정도 수준에 이르면 이제는 날벼락처럼 그 동안 갈고 닦은 서체를 완전히 버리고 자신만의 필체로 다시 시작하라고 일러준다. 자신의 목소리로 새로운 개념을 다른 이들에게 설득하기까지는 긴 훈련의 기간이 필요하다. 훈련 받는 동안 묵묵히 참고 기다리며 연습하여 실제로 문제를 해결할 수 있는 힘을 습득하는 능력을 일컬어 '학습능력'이라고 한다.

1996년 1월 1일. 나는 집에서 혼자 나를 다스렸다.

나는 컨설팅 회사를 다니면서 습득한 능력을 생명보험 세일즈의 핵심인 에이전트십과 제대로 접목시켰는지 끊임없이 자문했다. 나는 고향 마산에 일 년에 세 번 정도는 반드시 내려갔다. 신정과 구정, 추석 때는 어김없이 고향에 내려가 부모님을 뵈었지만 그해 겨울, 나는 귀향하지 않고 하숙집에 머물렀다. 그만큼 긴장의 강도가 높았다는 얘기다.

두려움! 이것은 좋은 조짐이다. 나는 속으로 다짐했다. 두려움은 용기의 반대 개념이 아니라 그와 비슷한 말이 아니던가. 진정한 용기란 두려움이 없는 상태가 아니라 두려움을 극복하는 것이란 말을 떠올렸다. 골짜기가 깊으면 깊을수록 그 산을 넘기 위해서는 더욱 많은 힘이 필요하고 산을 넘는 동안 에너지는 그만큼 막강해지는 것이다.

1월 2일 새벽 5시, 저절로 눈이 떠졌다. 매우 추운 날이었다. 정식 출근은 1월 3일이었지만 마음이 바빴다. 일터를 푸르덴셜로 옮긴 뒤 회사에서 5분이면 닿는 거리에 하숙집을 정했다.

사무실에 도착한 것이 새벽 5시 30분이었다. 그런데 이게 웬일인가. 아무도 없었다. 회사 사람들은 물론이거니와 건물을 관리하는 수위 아저씨들조차 나오지 않은 것이었다. 혹시나 해서 열심히 문을 두드렸지만 아무도 나타나지 않았다. 난감했다. 40분 동안 문을 두

드리다 결국 그날은 그렇게 집으로 돌아왔다.

나와 건물 수위아저씨들과의 악연은 그렇게 시작되었다.

그날 이후 나는 거의 하루도 빠지지 않고 새벽 5시에서 5시 반 사이에 일어나 곧바로 회사에 출근하여 6시부터 일을 시작했다. 심지어 면도조차도 회사에 가서 했다. 수위 아저씨들의 입장에서 보자면 나는 골칫덩어리였다.

다른 사람들처럼 정시에 출근하고 정시에 퇴근하면 건물을 관리하는 입장에서 훨씬 수월할 텐데 새벽부터 출근하고 또 12시를 넘어 퇴근하기가 다반사요 수시로 철야까지 하니 신경이 쓰일 수밖에 없었다. 게다가 아주 사소한 문제만 발생해도 일전을 불사할 태도이니, 이쯤 되면 상전을 만나도 아주 지독한 상전을 만났다고 생각했을 것이다. 하지만 그때 나로서는 '나는 지금 전장에 서 있고, 내 사무실은 야전사령부'라는 생각이었다.

여러 가지 우연곡절이 있었지만 아무튼 '차태진' 하면 수위아저씨들에게 건물 내에서 가장 일찍 출근하고 가장 늦게 퇴근하는 사람으로 각인되고 말았다.

내가 아침 6시부터 일하는 것에 대해 남들은 보험 영업 하는데 뭐 그렇게 할 필요까지 있냐고 물었다. 그러나 처음부터 '나는 프로'라고 생각했다. 프로페셔널이 되기 위해 반드시 필요한 것이 준비 과정이다. 변호사가 변론을 하기 전에, 의사가 대수술을 하기 전에, 교수가 강의를 하기 전에 반드시 준비를 해야 하듯이 세일즈맨이 판매 상담 전에 반드시 해야 할 일이 준비다.

내 경험에 의하면 준비 과정이 충실했을 때 모든 상담 과정에서 자신감 있게 매끄럽게 진행할 수 있었다. 만반의 준비를 갖추지 못했다면 나는 두려웠을지도 모른다. 고객들 중에는 단지 내가 충실히 준비했다는 사실에 감복하여 상담이 채 끝나기도 전에 전화를 들고 주변 친지들에게 나를 소개하기도 했다.

나는 6시부터 그날 만나야 될 고객 명단을 가지고 고객의 정보를 꼼꼼하고 세밀하게 파악했다. 지역별로 묶고 성격별로 분류했다. 고객들 한 명 한 명에 대한 느낌을 머릿속에 그려보고 그들에게 전달할 생명보험의 가치를 구체적으로 어떤 니즈의 형태로 다가가게 할 것인가를 생각하고 메모했다. 또 새로운 가망고객에게 전화하여 약속을 잡았다. 그리고 다른 동료들이 출근하는 8시 30분이 되면 어김없이 고객과의 만남이 있는 현장으로 출동했다.

하루에 5~6명의 고객을 만났다. 고객 한 명과의 시간은 30~40분 정도였다. 일주일에 새로운 고객을 13~15명 정도 만났으며 나의 일주일 총 활동량은 80시간 이상이었다.

"하는 놈한텐 못 당한다."라는 말이 있다. 초창기 내가 가졌던 마음의 신조였다. 나중에 안 사실이지만 미국의 MDRT 회원 중 톱 클래스는 새벽 6시부터 일에 몰두하는 이들이 많았다. 우리가 알고 있는 것처럼 주말을 완전히 쉬는 사람은 실제로 많지 않다.

생명보험사업의 성패는 기본적으로 성실성과 근면성에 달려 있다. 21세기에 무슨 그런 전근대적인 발상이냐고 하겠지만 아무리 시대가 바뀌었어도 예나 지금이나 다름없이 자신의 일에 대해 한 치의 게으름도 허용하지 않는 것이 진정한 프로의 자세다. 나는 이것을 '농업적 근면성'이라고 표현하고 싶다. 성공하고 싶다면 새벽부터 밤늦게까지 때로는 주말도 반납할 마음으로 악착같이 일해야 한다고 나는 믿는다.

업계는 다르지만 하나대투증권의 김영익 부사장을 나는 존경한다. 그가 주가지수 예측의 귀재여서가 아니라 자신의 책 『프로로 산다는 것』을 통해 18년 동안 매일 새벽 6시에 출근하여 여의도 증권가의 아침을 여는 분임을 알았기 때문이다.

내가 악착같이 일했던 이유는 단순했다. 성공과 실패에 대한 내 나름대로의 논리가 있었기 때문이다. 나는 우선 성공하는 사람들의 공통점은 실패하는 사람들이 하기 싫어하는 일도 자신의 성장에 도움이 된다면 기꺼이 자신의 습관처럼 행했다는 사실을 인식했다. 또한 성공과 실패는 모두 결과가 아니라 과정일 뿐이라고 믿었다.

성공과 실패가 종잇장처럼 작은 차이에서 갈려진다고들 말하지만 나는 그렇게 생각하지 않았다. 처음부터 큰 차이로 갈려지거나 종잇장처럼 작은 차이들이 무수히 쌓여 두꺼운 책처럼 변해 그런 결과를 낳는다고 생각했다. 나는 푸르덴셜의 모토 'Different and Better' 중에서 'Different'에 먼저 집착했다. 남보다 조금 일찍, 남보다 조금 빠르게 움직인다는 것이 나의 모토였다. 치열한 전투의 시작이었다.

1998년 제주 PTC컨벤션에 초청 연사로 참석했던 동기부여 전문가인 밥 트라스크의 연설문 가운데 인상 깊었던 이야기를 소개한다.

1988년도 서울올림픽 다이빙 경기에서 미국의 그렉 루가니스 선수는 1차 시도에서 1위를 했고 그 뒤를 아주 근소한 차이로 중국 선수 한 명이 따라오고 있었다. 루가니스는 2차 시도에서 그만 다이빙대에 머리 뒷부분을 부딪치고 말았다. 몸이 물 위로 나동그라졌고 피가 사방으로 튀었다. 이 사고 때문에 2위와의 성적은 뒤바뀌었고 마지막 3차 시도에서 만점을 받아야만 1위를 할 수 있는 상황이 되었다.

마취제는 약물로 간주되기 때문에 머리를 마취하지 않은 채 그냥 꿰맨 상태에서 루가니스는 다이빙대로 올라갔다. 전 세계 수십억의 인구가 TV를 통해 그 경기를 지켜보고 있었고 경기장엔 관중들의 숨소리조차 들리지 않았다. 사다리를 타고 한 칸씩 올라가면서 루가니스는 무슨 생각을 했을까? 다이빙대의 끝에 서면서 루가니스는 머리를 부딪쳤던 기억이 스쳤을 것이다. 과연 그는 어떻게 했을까?

그는 다이빙대로 걸어 나갔다. 잠시 후, 그는 멋진 새처럼 우아하게 날아 물살 한 점 일으키지 않고 입수에 성공했다. 만점을 받은 것이다. 경기를 관람하던 모든 사람들은 조용히 눈물 짓기 시작했다.

루가니스가 두려움을 떨쳐버리고 주저없이 다이빙대로 걸어 나갈 수 있었던 것은 바로 자신의 '비전'과 '꿈' 때문이 아니었을까? 그는 자신의 비전에 마음의 중심을 맞추고 그 힘을 믿었기 때문에 이루어낼 수 있었을 것이다.

다이빙대 위에서 루가니스가 순간적으로 느꼈을 두려움과 고통은 그를 성공으로 이끌어주는 강한 무기가 되었을 것이다. 나는 그렇게 믿었고 두려움이 반드시 강력한 무기가 되어줄 것이라고 확신했다.

새로운 기회, 호기심으로 열어라

나는 '호기심'이란 단어를 좋아한다. 호기심이 책을 구입하는 것으로 연결 되었는지도 모르겠다. 어린 시절부터 책을 좋아했고 대학 때 도서관에서 살다시피 한 것도 알고 보면 호기심의 한 결과가 아닌가 싶다. 나는 유명 인터넷 서점에서 가장 높은 등급인 플래티넘 고객이다. 책을 막 쌓아놓고 발췌해서 보는 것을 좋아한다.

사실이나 현상 그리고 사람과 세상에 대한 호기심은 톱 세일즈맨들이 갖고 있는 개인적 속성이다. 나도 그런 면에서는 결코 누구한테 뒤지지 않는다고 자부한다. 호기심을 갖는 것 그 자체가 때로는 동기 부여가 되기도 하고 때로는 상상을 초월하는 성과를 낳기도 한다. 호기심이 많은 나는 여기저기 기웃거리기를 좋아한다. 코엑스나 킨텍스에서 열리는 비즈니스 전시회를 보러 가는 것도 좋아한다. 나와 전혀 관련없는 분야인 인테리어 전시회나 중장비 전시회를 보러 가기도 한다. 그런 곳에서 창의력의 에너지를 얻을 때가 있다. 물론 시간이 남아돌아 하릴없이 귀동냥을 하러 다니는 것은 아니다. 세일즈맨의 유일한 자산이 시간인데 그것을 낭비할 수는 없다.

세일즈맨의 유일한 자산이 시간이다 보니 나처럼 일 욕심이 많은 사람들은 강박관념처럼 시간에 쫓기며 살 것 같지만 천만의 말씀이다. 오히려 시간이 많다. 약속이나 업무 시간 등 미리 정해 놓은 시간 외에는 모두 비어 있다. 자신의 시간이 언제 비어 있는가를 명확히 알면 "글쎄, 요즘 좀 바빠서……, 시간이 있을지 모르겠네."라는 불성실한 대답은 할 수 없을 것이다. 오히려 그런 말은 "음, 내가 요즘 좀 게을러서……. 시간을 내는 일도 귀찮아."라는 말처럼 들릴 것이다.

세일즈맨이 갖춰야 할 성실성의 한 대목은 시간 관리를 철저히 하고 약속은 명확히 해야 한다는 것이다.

아무튼 나는 여유 시간이 있으면 가만히 있지 않고 움직인다. 그 움직임을 이끄는 것은 나의 호기심이고 거창하게 지적 탐구의 욕망이라고 불러도 이의가 없다. 어느 미술평론가가 사람은 '아는 만큼 느끼고 느낀 만큼 보인다'라고 말했던 것처럼 다양한 분야의 '앎'에 대한 욕구는 더 많은 것을 느끼고 보게 할 것이며 나아가 행동하게 할 것이다.

한 번은 조선일보의 정보통신 분야 팀장을 맡고 있었던 석종훈 기자(현재 인터넷 포털 다음의 대표이사)가 실리콘밸리에서의 경험을 나누기 위해 마련한 조찬회에 참석한 적이 있다. 방식도 신선하고 알찬 내용이어서 그런지 정보통신업이나 벤처기업에 관계된 많은 사람들이 모였다. 나만 외떨어진 미운 오리 새끼였다. 아니나 다를까 석 기자가 내게로 오더니 말했다.

"당신 같은 세일즈맨이 여긴 웬일이오?"

"벤처 쪽에 관심이 좀 있어서요."

그런데 의외의 수확이 있었다. 내가 벤처 분야에 관심을 갖게 되자 그 분야에 있는 사람들에게 훨씬 더 적합한 생명보험 프로그램이 없을까를 궁리하게 되었고 그분들에게 적합한 프로그램을 제공할 수 있게 되어 당시 내 고객 중에는 정보통신 업계 벤처 사업가들이 많이 생겨나기 시작했다.

호기심 또는 지적 탐구의 욕망이 현실적인 가치로 변한 케이스다. 결국 모든 정보는 직접적이지는 않지만 '돈'과 연관되게 마련이다.

나는 에이전트 시절에 매일 아침《조선일보》《중앙일보》《매일경제신문》《한국경제신문》《전자일보》등 다섯 개 일간지를 보았고, 매주《한경 비즈니스》《주간 매경》《이코노미스트》등의 잡지를 구독했다. 그 외에 무엇이건 읽을거리가 눈앞에 있으면 닥치는 대로 읽었다.

우선 정보는 동기를 부여해주는 핵심적인 요소다. 우리는 새로운 정보를 통해 새로운 세계를 만나고 시대의 흐름을 느낄 수 있다.

에이전트에게는 생명보험에 대한 이야기만이 아니라 다양한 이야깃거리가 필요하다. 고객과 자연스럽게 여러 방면의 대화를 이끌어 나가는 동안 그 사람의 생활이나 정서를 이해하는 것이 가능해지고 그래야 고객 개인의 니즈를 세심히 느낄 수 있기 때문이다.

세일즈맨이라면 자신의 호기심을 충족시켜야 한다. 그러면 새로운 기회가 열릴 것이다. 정보는 어떤 형태로든 '가치'와 연관되는 법이다. 새로운 기회는 호기심으로 열어야 한다.

자신에게 아낌없이 투자하라

나는 보험 영업을 시작하면서 은행에서 2천만 원의 융자를 얻어 내 자신에게 아낌없이 투자했다. 제일 먼저 양복 두 벌을 샀다. 특히, 당시에는 일반화되지 않았던 휴대폰, 팜 파일럿 휴대용 개인정보 단말기, 노트북 등을 구입했다. 노트북은 당시로는 최고급 사양으로 구입했다.

"왜 굳이 노트북이 필요해? 그것도 3백 80만 원짜리 최신식으로?"

사람들의 반응은 시큰둥했다. 보통 다른 에이전트들은 자신을 위해 과다한 비용투자는 별로 하지 않는다. 자본주의의 3요소인 토지, 자본, 노동의 측면에서 이야기해 보자. '토지'에 해당하는 사업장은 회사에서 업무를 볼 공간 즉 사무실을 지원해 주고 있다. '자본'적인 투자는 필수적인 것이 아니다. 단지 유일하게 투자해야 하는 것은 시간과 노력투자 즉 '노동' 요소일 뿐이다.

그러나 에이전트라는 직업은 일반 샐러리맨과는 달리 본질적으로 자영업자에 속하고 그만큼 개인의 사업적 창의성이 요구된다. 사업가적 관점에서 나는 업무 시스템을 내 식으로 갖추기 위해 큰돈은 아니지만 투자를 아끼지 않았다. 최고의 시스템을 갖춤으로써 업무의 효율을 높이려 했고 업무에 임하는 자세에서부터 차별성을 갖고자 했다. 그러한 나의 의도는 아낌없는 투자를 통해 이루어졌다.

개미의 몸에선 페로몬pheromone이라는 화학물질이 나온다고 한다. 다수의 개미들은 이 페로몬으로 커뮤니케이션 활동을 진행한다. 적의 침입, 홍수 등의 위기상황은 물론이고 먹이의 위치와 노동력의 배분에 관련된 정보도 이것으로 나눈다. 개미에게 페로몬이 커뮤니케이션 활동을 진행할 수 있게 하는 시스템이듯 나에게는 컴퓨터가 고객과의 커뮤니케이션을 진행하고 유지하기 위한 신경조직이며 업무를 처리하는 하부 시스템이다.

일반적으로 실패한 사업가들은 운이 없었다던가, 동업자와 호흡이 맞지 않아서라던가, 경쟁자가 많아서라던가, 내부 구성원의 실수라던가 하는 기타 이런저런 실패의 원인을 둘러대지만 정작 자신의 사업가 정신의 결여에 대해서는 인정하지 않는다. 또 "이런 좋은 물건이 왜 시장에서 5퍼센트 시장점유율밖에 나오지 않는 거지?" 하면서 시장 자체에 대해 불평만을 늘어놓는다. 그런 사업가들에게는 '당신의 상품이 정확히 5퍼센트의 점유율밖에 올릴 수 없는 낮은 경쟁력의 상품이기 때문'이라고 냉정하게 경종을 울려주면 될 것이다.

물론 생명보험은 그런 낮은 경쟁력의 상품은 아니다. 하지만 창조적인 사업 시스템을 갖추지 않는다면 시장에서의 경쟁력은 보장할 수 없을 것이었다. 물론 세일즈 프로세스에 대한 교육 시스템은 회사에서 제공한다. 그러나 고객 개개인의 니즈에 맞는 최상의 서비스가 무엇인지 판단하고 제공하는 구체적인 커뮤니케이션 과정은 에이전트의 몫이고 이 대목에서는 에이전트의 사업적 창의성이 요구된다.

이미 인터넷과 디지털이 주도하는 새로운 세기가 열렸다. 이전의 노동, 자본이라는 경제요소는 지식과 정보라는 요소로 대체되었다. 내가 구축한 사업 시스템은 사업에 투자할 지식과 정보를 생산하고 유지하는 데 필요한 장치일 뿐이다.

에이전트가 외부에 있는데 가망고객이 전화를 걸어 빠른 시간 내에 본인에게 적당한 자산관리 프로그램을 제안 받고 싶다고 할 때가 있다. 에이전트와 비서가 공조하여 2시간 안에 고객에게 제공할 제안서를 만들고 그것을 전자우편이나 일반 우편으로 송부했다면 그 사업체는 제대로 된 시스템을 보유하고 있다고 말할 수 있다.

푸르덴셜에 합류한 지 1년 3개월이 되던 1997년 3월 나는 푸르덴셜에서는 처음으로 풀타임 비서를 고용했다. 물론 주변 동료들의 시선은 이해할 수 없다는 쪽이었다.

"혼자 해도 충분한데 굳이 왜 비서를 고용하지?"

내가 비서를 고용한 첫 번째 이유는 사업적 관점에서의 효율성 때문이었다. 사업의 규모와 질적인 면에서 혼자서는 일정 수준 이상의 효과를 낼 수 없을 것이고 따라서 고객에게 최상의 서비스를 제공할 수도 없을 것이다.

두 번째 이유는 자신감 때문이었다. 비서에게 드는 경비를 투자라고 한다면 투자의 가치가 충분히 나도록 내 사업을 키울 수 있다는 자신감이 있었다. 더불어 나와 함께 일하는 사람에게 자신이 발전할 수 있는 계기로 삼을 만한 충분한 동기를 제공할 수 있다는 자신감도 있었다.

MDRT 연차회의에서 만난, 30년 이상 생명보험 사업에 종사하고 있는 미국의 한 에이전트는 개인적으로 비서를 일곱 명이나 고용하고 있었다.

업무 시스템을 갖추고 비서를 고용함으로써 푸르덴셜 내 나의 공간은 명실상부한 야전사령부로서의 면모를 갖추게 되었다. 내가 필드의 공격라인에 서 있다면 비서는 수비라인에 서 있는 셈이다. 내가 매일 고객과 밀도 있는 상담을 하고 있는 시간에 나의 다른 고객들은 비서를 통해 나와 소통을 할 수 있는 것이다. 고객들은 비서를 통해 의사소통을 한다는 사실에 대해 불만을 표시하기보다는 오히려 비서를 고용할 정도로 생명보험사업을 전문적으로 수행하고 있다는 사실에 흡족해 했다.

비서는 잡무를 처리하는 여사무원이 아니다. 내게 있어서 비서는 시스템의 팀원이며 사업의 파트너다. 따라서 내 비서는 생명보험 사업에 대해 나와 같은 이해와 인지 능력을 가지고 있어야 하며, 창조적 능력과 주체적 의욕이 있어야 한다.

나의 첫 번째 비서였던 김영희 씨를 생각하면 고맙다는 마음부터 든다. 내 요구사항은 도가 지나칠 정도로 많았지만 그녀와 나는 해냈다. 내가 이룬 것은 모두 비서와 함께 이룬 것이다.

현재는 여러 보험사에서 에이전트들이 개인비서를 두는 것이 이제 일반화되었다. 생명보험 사업을 확장할 능력과 자신이 있는 에이전트는 비서를 고용할 필요가 있다. 특히 고객에게 최상의 서비스를 제공해야 한다는 강한 에이전트십을 지닌 세일즈맨일수록 더 용기를 내야 한다. 내가 처음 비서를 고용했을 때의 이상한 눈초리는 없어졌다. 궁극적으로 비서를 고용한 것은 나에 대한 투자였다.

올해 나는 새롭게 선언한 것이 하나 있다. 작년에는 지점 내의 모든 경조사에 빠지지 않았다. 올해는 경사에 가지 않되 모든 조사에는 빠지지 않겠다고 선언했다. 너무 경조사에 매달리다 보니 급하거나 중요한 일을 놓치기가 쉬웠고 재충전할 시간도 갖기 어려웠다. 조사의 대부분은 지점 구성원들 가족 문상이다. 그것도 지방에서 치러야 할 때가 많았지만 아무리 멀어도 나는 빠진 적이 없다. 기쁜 일에는 굳이 내가 없어도 되지만 슬픔과 어려움에 빠진 사람들에게는 나 한 사람의 위로도 필요하다고 생각하기 때문이다.

에이전트 시절 지방에서 계약을 하겠다는 해피콜이 올 때가 있다. 톱 클래스의 에이전트들은 아무리 금액이 적어도 장소를 불문하고 찾아간다. 추천한 고객 때문에라도 내려간다. 그러나 일반적인 에이전트들은 계산을 하거나 갈등을 하게 된다. 나의 경우 부산까지 2만 8천 원짜리 계약을 하고 기분 좋게 올라온 적이 있다. 그런데 다음 달에 그 고객의 소개로 백 2십만 원짜리 계약을 체결한 경험을 갖고 있다.

결국 나에 대한 투자는 나 자신만을 위한 것이 아니다. 2천만 원을 들여 최고급 사양으로 정보시스템을 만든 것이나 비서를 채용하여 인적 시스템을 갖춘 것도 나 자신만을 위한 것이 아니었다. 고객을 위한 것이고 회사를 위한 것이었다. 여전히 나는 사람들과 비싼 곳에서 밥 먹는 것은 아끼지 않는다. 책 사는 것도 아끼지 않는다. 교육프로그램을 참가할 때도 마찬가지다. 휴식도 마찬가지다. 쉽지는 않지만 세일즈맨의 교육과 휴식도 고객에 대한 투자다.

태도는 성공이라는 병을 전염시킨다

세일즈맨이 성공을 위해 갖춰야 할 네 가지 요건으로 이니셜을 따서 'KASH'라고 부르는데 지식Knowledge, 태도Attitude, 기술Skills, 습관Habits이 그것이다. 태도는 네 가지 요건 중에서 제일 중요한 요소이다. 다른 요소가 조금 약하더라도 이 요소만 강하면 많은 문제들이 저절로 해결된다. 그 실제적인 예가 바로 '주부 보험 외판원' 가운데 '보험왕'이라는 명칭이 붙은 사람들이다.

내가 생각하기에 그분들은 합리적이며 체계적인 세일즈 프로세스에 입각한 교육의 혜택을 받지 못했을 것이다. 여타의 주부 보험 외판원들과 마찬가지의 방법으로 세일즈를 할 것이다. 그런데도 그분들이 더 높은 실적을 올리고 높은 소득을 얻는 경우도 많은데 이유는 아마 '태도'의 문제일 것이다. 그들은 목숨을 걸다시피 하여 죽기 아니면 살기 식으로 다리품을 팔 것이다. 목숨을 건 태도라면 어떤 세일즈에서건 성공한다.

나는 그런 '챔피언'들이 존경스럽다. 또한 궁금하다. 도대체 얼마나 많은 시간을 들여 일하는지, 그렇게 목숨을 걸게 만든 동기는 무엇인지 알 길이 없다.

아무튼 적극적인 태도는 뛰어난 세일즈맨의 공통적 속성이다. 이는 세일즈 에이전트로서 다음과 같이 요약할 수 있다.

❶ 직무에 대한 태도
❷ 판매하고 있는 상품에 대한 확신
❸ 회사와 자신의 직업에 대한 긍지
❹ 할 수 있다는 자기 자신에 대한 믿음
❺ 판매 시 가망고객을 배려하는 자세

태도는 전염되는 속성이 있다. 만일 에이전트가 새빨간 태도를 가지면 고객에게 전염되어 계약서에 서명할 때쯤이면 고객도 어느덧 분홍빛의 상태가 되어 있다. 에이전트가 차가운 회색 빛깔을 띠고 있으면 고객은 상담을 시작하자마자 에이전트의 색깔을 알아채고 흥미를 잃거나, 성격이 급한 이들은 에이전트를 힐책하며 돌려보내려 할 것이다.

나는 후배나 동료 에이전트에게 이렇게 말한다.

"당신 스스로가 당신이 판매하는 상품과 사업에 대해 새빨간 확신범이 되라! 그리하여 만일 고객으로부터 당신이 '빨갱이'라는 소리를 듣는다면 당신은 스케줄 맞추기가 힘들어 만나기 어려운 최고의 세일즈맨이 되어 있을 것이다."

세일즈의 성공은 지식과 기술만으로는 충분치 않다. 가장 중요한 요소는 태도다.

현재 내가 대표지점장으로 있는 CNP 지점 구성원들은 월요일 오전에 진행되는 지점 미팅에 모두 참가하여 성공의 경험과 에너지를 나누고 있다. 사실 미팅을 통해 얻을 수 있는 것은 생각보다 크지 않다. 업계 동향, 회사방침의 변경, 중요한 영업정보 등의 변경에 관련된 정보를 얻을 수 있는 일반적인 기회를 제공하는 것뿐이다. 그러나 이것보다 더 중요한 것은 생명보험 사업을 진행하는 궁극적 이유 즉 에이전트십에 관련된 주제들이다. 기술이나 정보를 전하기 전에 에이전트라는 직업의 당위성과 역할에 대한 동기부여가 주류를 이루고 있다. 정보에 뒤처진 세일즈맨은 물론 낙후되지만 강한 동기부여로 무장되지 않은 에이전트도 오랜 기간에 걸쳐 성공적으로 과업을 수행하기가 어렵기 때문이다.

매일 같은 일, 동일한 주제를 반복해야 한다는 것은 누구에게나 고통일 것이다. 이러한 고통을 해결하는 방법은 스트레스를 해소하듯이 풀어버리는 것이 아니다. 고통마저 껴안으려는 동기의 설정이다. 에이전트 스스로가 생명보험 사업에 대해 매일매일 새롭게 가치를 느끼고, 느낀 만큼 고객에게 전달하려 노력해야 하는 것이다. 그것이 극단적으로 발전한다면 승부근성으로 변질되겠지만 그 정도까지 요구하는 것은 아니다. 사업적 관점에서 일을 도모하는 에너지를 꾸준히 더 높은 차원으로 발산하는 것이 중요하다.

내 경우 일어날 때와 잘 때 세상과 나에 대한 궁극적인 마음의 자세인 'PMA Positive Mental Attitude'를 떠올린다. 그러면 하루의 피로가 씻은 듯이 사라지고 내일에 대한 만족감에 젖어 잠들 수 있게 된다. 태도는 그렇게 세일즈맨에게 성공이라는 습관을 전염시킨다.

Champion Dictionary

두려움

용기의 반대개념이 아니라 이와 비슷한 말. 시간과 장소 그리고 컨디션에 따라 용기와 두려움은 카멜레온처럼 변한다. 진정한 용기란 두려움이 없는 상태가 아니라 두려움을 극복하는 것이다. 적당한 두려움은 오히려 상황을 전개시키는 데 있어 반겨야 할 요소이다. 고객에게 적합한 생명보험 프로그램 설명이 어렵다는 것에 대해 적절한 두려움을 느끼는 에이전트라면 이것을 극복하기 위해 연구하고 준비해야 한다.

성공/실패

성공하는 사람들의 공통점은 실패하는 사람들이 꺼리는 일들을 기꺼이 자신의 습관처럼 행했다는 사실이다. 성공과 실패 모두 결과가 아니라 과정일 뿐이다. 그것이 종잇장처럼 작은 차이에서 비롯된다고들 하지만 나는 그렇게 생각하지 않는다. 처음부터 큰 차이가 있었거나 종잇장처럼 작은 차이들이 무수히 쌓여 두꺼운 책처럼 변해서 그런 결과를 낳는 것이다.

습관 Habit

에이전트로서 반드시 가져야 할 습관은 1)가망고객 발굴 습관 2)전화하여 약속을 잡는 습관 3)방문습관 4)판매습관 등이다. 위의 네가지 요소 이외에도 아침에 일찍 일어나기, 고객과 함께 점심식사 하기, 정기적으로 운동하기, 주사하지 않고 적당하게 술자리 마무리 하기 등의 조금 사소한 습관도 승패를 가르는 경우가 종종 있다.

컨벤션

많은 생명보험회사에서 제공하는 동기부여 시스템의 핵심. 일 년에 두 번씩 가족들과 해외 유수의 휴양지에서 지낼 수 있는 휴식의 기회가 제공된다. 모든 에이전트에게 주어지는 것은 아니고, 자격요건(실적)을 획득한 사람들만 초대된다. '내 돈 내고 내가 가도 되지, 뭐.'라고 생각하면 큰 오산이다. 금융보험사업의 가치에 대해 서로 아이디어를 나누며 한 해 동안 배려해 준 가족들에게 봉사하고 함께 즐길 수 있는 기회를 회사가 제공하는 것이다. 참가자격을 획득하면 꽤 즐겁다. 왜? 자력으로 참가자격을 획득하여 자랑스런 가장으로 가족들과 함께 휴식을 보낼 기회이기 때문이다.

준비

모든 프로페셔널에게 요구되는 프로세스. 변호사의 법정변론 전에, 의사의 대수술 전에, 교수의 강의 전에 그리고 세일즈맨의 판매상담 전에 꼭 있어야 할 과정. 준비가 잘 된 세일즈맨은 상담과정에서 자신감을 가지고 매끄럽게 진행할 수 있다. 고객들 중 어떤 이들은 단지 자신을 위해 세심히 준비한 에이전트의 태도에 감복하여 상담이 끝나기도 전에 전화를 들고 주변의 친지들에게 그 에이전트를 소개하기도 한다.

태도 Attitude

KASH(지식·태도·기술·습관) 중 제일 중요한 요소임. 다른 요소가 조금 약하더라도 이 요소만 강하면 얼마든지 세일즈맨으로 성공할 수 있다. 태도는 전염된다. 에이전트가 새빨간 태도를 가지면 고객에게 전염되어 고객도 어느덧 분홍 빛깔의 상태에서 계약서에 서명하게 되는 것이다. 에이전트가 엉성한 회색빛 색깔을 갖게 되면 고객은 상담이 시작되자마자 에이전트의 색깔을 알아채고는 흥미없어 하거나 성격급한 이들은 에이전트를 힐책하고 돌려보내고 만다. 당신 스스로가 판매하는 상품과 서비스에 대해 새빨간 사상범이 되라. 그리하여 고객부터 빨갱이 소리를 듣는다면 당신은 이미 만나기 어려운 세일즈맨으로 변신해 있을 것이다. 지식과 기술만으로는 충분치 않다. 중요한 차이는 태도에서 나온다.

투자

미래의 잠재력 혹은 성장을 위해 현재의 시점에서 무언가 바치는 것. 자금과 인력이 그 내용이 될 수도 있지만 더 중요한 것은 시간과 노력의 양이다. 투자된 요소들은 사업적 성과물들이 그러하듯 막대한 손실에서 상상할 수 없는 수익에 이르기까지 다양한 양상으로 나타난다. 미래를 내다보는 예지력과 과감하게 배팅할 수 있는 결단력이 이 과정에서 요구된다. 투자한 만큼 얻을 가능성도 크지만 버린 만큼 얻는다는 교훈도 나는 경험에서 얻을 수 있었다.

상패/트로피

승리하였음을 나타내는 예술적 창작물. 화폐적인 값어치를 떠나 받으면 꽤 기분 좋아진다. 자신의 과업에 대해 조직원 모두가 인정하고 있음을 드러내는 징표이기 때문이다. 시상대 위에서의 짧은 환희와 함께 얻어지는 작은 즐거움은 일이 잘 풀리지 않을 때 책상 위에 놓여진 트로피를 보고 두 주먹을 불끈 쥘 수 있다는 것이다.

지식 Knowledge

산업·회사·상품 등에 관한 기존의 지식, 변화하는 새로운 사실들에 대한 지식은 반드시 스펀지처럼 빨아들여야 한다. 많이 안다고 해서 꼭 잘 팔 수 있는 것은 아니지만 고실적 판매 사원들은 일정 수준 이상으로 풍부한 식견을 가진 사람들이라는 점에 유의해야 한다. 또한 인터넷 혁명으로 가망고객들이 판매사원보다 해당 제품에 대한 엄청난 사전정보를 갖고 판매협상 테이블에 앉는 경우도 종종 있다. 이때 가망고객보다 적게 아는 세일즈맨은 판매성공 여부가 당연히 불투명해진다.

Strategy 6

불멸의 세일즈 진리, 깔때기 이론

- 깔때기 제일 윗부분인 가망고객의 숫자를 늘려라.
- 유입된 가망고객들이 최종 계약 단계에 이를 수 있도록 유연하게 세일즈 프로세스를 진행시켜라.
- 깔때기의 내부 즉, 가망고객의 상태와 프로세스의 단계를 정기적으로 재점검하라.
- 깔때기의 각도를 좀 더 완만하게 만들어라.
  세부 프로세스에서 다음 단계로 진행하는 확률을 올리기 위해서는 각 과정에 정통해야 하며 많은 훈련과 반복이 필요하다.

제2의 본능에게 보내는 편지

존경하는 주영욱 선배님께.
"낮에 사우나 가지 마라."
세일즈를 처음 시작했을 때 선배님이 제게 했던 말입니다. 영업을 그만두는 날까지 절대 낮에 사우나에 가지 말라는 말이었습니다. 항시 긴장하라는 뜻이었을 것입니다. 선배님 덕분에 습관은 제2의 본능이라는 것을 깨달았습니다. 아울러 성공을 위한 모든 자질은 습관을 통해 얻어지는 것이라는 사실도 잘 알게 되었습니다. 성공하는 사람들은 스스로 좋은 습관을 만들고 그 습관은 미래를 만듭니다. 의도적으로 노력해서 좋은 습관을 만들지 않으면 무의식적으로 나쁜 습관에 길들여지게 될 것입니다. 자신을 변화시킬 수 있는 유일한 길은 바로 새로운 습관을 길러내야 한다는 것임을 명심하겠습니다.

보험판매에서 성공을 위한 습관을 MDRT에서는 네 가지로 규정하고 있습니다.

첫째는 가망고객 발굴 Prospecting 습관이지요.

가망고객의 의도에 관계없이 니즈에 따른 가망고객 발굴 습관을 의도적으로 형성해 놓지 않으면 무의식적으로 생명보험을 원하는 사람들 중에서만 가망고객 발굴 습관을 형성하게 됩니다. 그것이 바로 충분한 수의 가망고객을 확보하지 못하는 이유가 된다고 들었습니다.

둘째는 방문 Visiting 습관이겠지요.

세일즈맨이 보험에 가입할 능력은 있지만 관심이 없는 사람을 방문하는 습관을 의도적으로 형성하지 못하면, 보험에 관심은 있지만 가입 능력이 없는 사람들만을 방문하는 습관을 무의식적으로 형성하게 된다는 사실을 잘 알게 되었습니다. 이는 안타까운 일입니다. 두 가지 유형이 절충되어야 하겠지요.

셋째는 판매 Selling 습관입니다.

가망고객이 생명보험에 가입해야 하는 이유를 알고 가입 결정하는 판매습관을 의도적으로 갖고 있지 않으면 무의식적으로 가망고객의 거절 사유를 자신이 허용하는 심리상태에서 면담하게 됩니다.

넷째는 활동Working하는 습관입니다.

활동이란 연구·준비·시간·노력에 대한 계획·기록·분석 등 모든 것을 포함합니다. 흥미를 유발하는 접근법이나 적절한 판매화법을 활용하지 않는다면 그것을 배우려고 애쓰지도 않을 것입니다. 계획을 수행하고자 하는 마음이 없다면 하루 업무를 계획하려 들지 않을 것입니다. 달성하지 못한 결과를 정직하게 기록하려 하지도 않을 것입니다. 앞의 세 가지 습관이 형성되면 네 번째는 저절로 해결될 것입니다. 이 네 가지 요소 이외에도 아침에 일찍 일어나기, 고객과 함께 점심식사하기, 규칙적으로 운동하기, 취하지 않고 적당하게 술자리 마무리하기, 고객과의 약속시간 지키기 등 조금 사소해 보이는 습관조차 성패를 가르는 경우가 있다는 것을 선배님도 잘 아시겠지요.

이러한 습관 중에 술버릇과 약속시간 지키기에 관해 이야기해 보고 싶습니다.

술로 흥한 자 술로 망한다는 말을 들어보셨지요. 선배님도 아시겠지만 저는 담배를 피우지 않습니다. 그러나 술은 꼭 필요한 기호식품이라고 생각합니다. 일상의 스트레스를 풀기에 가장 적당한 식품이며 동료들의 생생한 개인적 체험들을 들을 수 있는 자리를 만들어 주기도 하지요. 술자리에서 듣는 동료들의 얘기는 실패는 실패대로 성공은 성공대로 교훈적입니다. 그러나 세상일이 다 그렇듯 적정선에서 마무리하기란 그리 쉽지 않습니다. 이때가 고비입니다. 결단이 필요한 것입니다. 내일 만날 고객의 기분을 생각한다면 더욱 그렇습니다. 물론 술을 마시지 않을 경우 주변 동료들의 눈총을 받지 않을 수 없습니다. 하지만 신경 쓸 필요는 없습니다. 그런 것에 눈총을 보낸 사람들의 대부분은 오랜 기간 동안 나를 주시하기도 전에 세일즈를 그만두고 퇴직할 가능성이 높습니다.

미국의 유명한 앵커우먼이 퇴근 후 가장 중요하게 생각하는 것이 무엇이냐는 질문에 다음날 가장 좋은 컨디션으로 시청자 앞에서 뉴스 프로그램을 활기차게 진행할 수 있도록 준비하는 것이라고 대답했다고 합니다. 경청할 만한 대답이겠지요. 저의 경우에도 에이전트 시절에 술로 인해 고객과의 약속에 늦거나, 너무 늦게 일어나 아예 약속을 지키지 못한 엄청난 사건이 세 번이나 있었습니다. 물론 지금은 그렇지 않습니다. 이제는 전날 술을 많이 마셔도 제 시간에 일어납니다. 전날 새벽까지 과음을 해도 5시 반에는 꼭 일어납니다. 일요일에도 그 시간에 일어나는 제 모습에 어떨 때는 놀라기도 합니다. 선배님도 잘 아시겠지만 판매 과정은 고객과 만날 약속을 잡는 데에서 시작됩니다. 그러나 약속은 만들기보다는 지키기가 훨씬 더 어렵고 중요합니다. 대부분의 사람들은 약속의 구체적인 내용보다는 약속 자체를 지켜냈다는 사실에 감동합니다. 약속을 잘 지키는 아버지가 자녀들로부터 존경을 얻습니다. 사소하고 작은 약속을 잘 지키는 세일즈맨의 태도에서 고객들은 즐거움을 느끼고 더 나아가 그의 사업을 도와주려고까지 노력한다는 사실을 여러 번 보았습니다.

주영욱 선배님.

저는 아무 하릴없이 낮에 사우나에 가지 않겠습니다. 습관이 제2의 본능이라는 사실을 명심하겠습니다. 가망고객의 숫자를 늘리는 것만이 계약 체결 건수를 높인다는 세일즈의 진리를 실천하겠습니다. 또 소식 전하겠습니다.

차태진 올림

세일즈 깔때기 이론의 핵심

박찬호, 이종범의 공통점은 무엇일까? 최고의 선수들이다. 또 하나의 공통점은 무엇일까? 노장 선수로 취급 받아 은퇴를 고려했었지만 이를 극복하고 오늘도 훈련을 게을리 하지 않는다는 사실이다. 그들이 최고의 선수임을 입증하는 것은 바로 그들의 손바닥에 크게 자리 잡은 굳은살이다.

어느 특정 분야에서 천부적인 소질을 타고 난 사람은 일정 수준으로 남보다 빨리 도약한다. 하지만 일정 수준에 도달한 후 한 단계 더 도약하려면 많은 땀을 흘리는 훈련이 필수적이다. 땀을 흘리고 나면 소득이 생기기 시작한다. 내 경우 손바닥에 굳은살이 많이 붙은 달에는 소득이 더 많아졌다.

원래 의사로 태어나는 사람이 없듯이 프로세일즈맨으로 태어나는 사람 또한 없다. 의사와 마찬가지로 세일즈맨도 훈련이 되지 않으면 일정 수준 이상 실적을 올릴 수 없다. 프로페셔널에게는 그 자리에 요구되는 전문적인 훈련이 반드시 필요하다.

깔때기 이론의 핵심은 가망고객의 숫자를 최대한 늘리고 가망고객의 상태와 프로세스의 단계를 재점검하며 훈련과 반복에 의해 결과를 완성하라는 점이다.

같은 수준의 교육과 전문적인 훈련을 받은 세일즈맨이 두 사람 있다고 하자. 이후 둘의 차이는 어디에서 판가름이 날까? 우선 두 가지 요소에서 차이를 가늠해 볼 수 있다. 가망고객 수를 얼마나 늘렸는가와 핵심 시장을 확보하고 있는가 여부이다.

만약 훈련이 되어 있고 부지런하며 열정이 있고 금융 비즈니스에 대한 신념을 갖고 있는 이가 풍부한 가망고객의 풀을 확보하고 있다면 그는 사업의 전개에 있어서 실패할 확률이 거의 없다.

가망고객의 풀을 확보하려면 소개 확보가 필수다. 소개 없이 성공은 없다. 생산성을 향상시키기 위해서 새벽부터 자정까지 열심히 움직여 활동량을 늘리기만 해서는 승부를 낼 수 없다는 사실을 깨닫게 되었을 쯤, 거의 모든 세일즈맨들은 자신이 주력해야 할 표적시장이 어디인지 관심을 두기 시작한다.

시장의 수준 상승은 소개에 의해서 가능하다. 왜냐하면 소개를 해주는 사람들의 근본 심리에는 자기보다 생각, 소득, 사회적 지위가 앞서가는 이들을 추천하려는 속성이 있기 때문이다.

성공하는 에이전트가 되기 위해서는 풍부한 가망고객 풀과 자기만의 핵심시장을 가지고 있어야 한다. 결국 가망고객 수를 늘리거나 핵심시장을 확보하는 것은 소개를 통해서만 가능하다. 곧 소개 마케팅은 성공하는 에이전트의 절대 조건이다.

소개 마케팅의 매력은 안정성과 효율성이다. 즉, 소개 마케팅을 통해 높은 실적의 에이전트들은 자신의 실적을 안정적으로 유지할 수 있다. 소개 마케팅은 가장 효율적이고 고도로 체계화된 세일즈 프로세스다.

일반적으로 많은 사람들이 오해하는 것 중 대표적인 것이 보험 세일즈를 남대문시장에서 좌판을 벌이고 목청껏 소리치는 것쯤으로 아는 것인데, 그것은 천만의 말씀이다. 'TGI FRIDAY'라는 패밀리 레스토랑에서 주방장 없이 모든 종업원이 식사 주문을 받아 주방에서 직접 조리를 해 손님들에게 내올 수 있는 비결은 무엇일까. 모든 프로세스를 설명서로 만들고 이 설명서에 따라 하도록 철저히 훈련하기 때문에 가능한 일이다. 정확한 프로세스에 기초해서 단계 하나 하나를 진행시키고 고객이 만족한 상태에서 구매하게 하는 것이 진정한 세일즈 프로세스다. 그러한 과정을 통해서만 판매의 효율성도 확보된다.

다시 강조하지만 소개 마케팅은 가장 효율적인 세일즈 프로세스다. 여기서 내가 주목하는 것은 두 가지다. 그 하나는 소개 마케팅이 연고판매, 강요판매, 구걸판매 등 기존의 보험 세일즈 방법을 무력하고 무색하게 만든다는 점이다. 효율성의 측면에서나 합리적인 세일즈 방법의 정착이라는 측면에서도 그렇다.

또 하나는 소개 마케팅의 관건이 핵심고객이라는 점이다. 이것은 보험 세일즈가 피플 비즈니스라는 점을 다시 환기시켜준다. 곧 사람과 사람의 신뢰가 선행되어야만 성공할 수 있다는 점이다.

요컨대 가망고객의 숫자를 최대한 늘리기 위해서는 세일즈맨의 좋은 습관이 필요하고, 가망고객의 상태와 프로세스의 단계별로 재점검하여 확실하게 성공적인 결과를 얻기 위해서는 끊임없는 훈련과 반복이 필수불가결하다. 그래서 세일즈의 깔때기 이론은 불멸의 진리로 통한다.

Champion Dictionary

가망고객 발굴 Prospecting

2년이 지나서까지 실패한 에이전트 대부분이 안고 있는 큰 문제. 판매에 있어서 오직 한 가지 문제는 좋은 가망고객을 잃는 것이다. 가망고객은 효과적인 종결, 우수한 제품력, 거절처리, 임팩트 있는 판매권유 설명, 고객의 필요와 욕구 수준 등의 일반인들이 생각하고 있는 판매의 다른 요소들보다 훨씬 근본적인 문제이다. 부지런하며 열정이 있고 생명보험사업에 대한 신념을 갖고 있는 이가 만약 풍부한 가망고객 풀Pool을 확보하고 있다면 사업의 전개에 있어 실패할 확률은 거의 없다.

* No Prospect=No Interview=No Presentation=No Sales=No Referrals
* Prospect+Interview+Presentation=Sales+Referrals

사람

정보의 원천이라는 점을 떠나 어떤 사람을 떠올릴 때 제일 먼저 생각나는 것은 그 사람과 형성된 관계이다. 그 관계가 밀접하면서 개인적인 구도를 형성하고 있으면 그 사람에 대한 신뢰가 자연스레 형성된다. 다음으로 생각나는 것은 그 사람이 제일 잘 하는 일과 가장 많이 보유하고 있는 정보의 종류이다. 나 스스로도 고객들과 좋은 관계를 유지하면서 생명보험 사업을 가장 전문적으로 수행하는 사람, 그를 통해 얻을 수 있는 정보가 풍부한 사람으로 인식되기를 바랄 뿐이다.

훈련 Training

최경주, 박찬호, 이종범은 공통적으로 최고의 선수들이지만 이외에 또 한가지 공통점은 그들이 오늘도 훈련을 게을리 하지 않는다는 사실이다. 분명한 목표를 갖고 있는 이들은 기본훈련 이외에 추가적인 개인훈련을 더 하지만 모호한 목표를 가진 이들은 기본훈련에도 충실하지 않는다. 천부적인 소질은 일정수준으로 빨리 도약케 한다. 하지만 일정수준 이상을 능가하기 위해서는 땀이 밴 훈련이 필요하다. 땀을 흘리고 나면 소금이 주어지기 시작한다. 의사로 태어나는 사람이 없듯이 세일즈맨으로 태어나는 사람 또한 없다. 전문적인 일에는 전문적인 훈련이 필요하다.

시스템 Sysem

개미의 몸에선 페로몬이라는 화학물질이 나온다. 다수의 개미들이 이 페로몬이라는 물질을 매개로 커뮤니케이션을 한다. 적의 침입, 홍수 등의 위기상황은 물론 먹이의 위치와 노동력의 배분에 관련된 정보도 이것으로 나눈다. 시스템은 일을 진행하는 하부구조이자 프로세스이다. 가망고객이 전화를 걸어 빠른 시간 내에 본인에게 적당한 자산 포트폴리오를 제안 받고 싶어할 때, 외부에 있는 에이전트와 비서가 공조를 통해 세 시간이 채 못 되어 고객에게 제공할 완성된 제안서를 전자우편이나 일반 우편으로 송부한다면 그 사업체는 시스템을 보유하고 있다고 말할 수 있을 것이다.

3
PART

챔피언의 행동

Strategy 7

최고실적을 자랑하는 일곱 가지 요소

- 최대실적
- 7 회사 소개와 제품 설명으로 고객 니즈를 환기시킴
- 6 고객 상황에 적합한 제품의 제안
- 5 임팩트 있는 판매 권유
- 4 강력한 클로징(종결)
- 3 효과적인 거절처리
- 2 가망고객의 니즈와 욕구 수준
- 1 제품 경쟁력

- 프로의 세계에는 프로의 룰과 능력이 있을 뿐이다.
- 태도가 이루어지면 많은 것들이 저절로 이루어지게 된다.
- 급한 일에만 집중하다 보면 방향성을 잃을 수도 있다. 바쁜 일보다 중요한 일이 먼저다.
- 1미터 앞에 있는 성공을 잡지 못한 다비는 당장 생활신조를 바꾸었다.
 "1미터 더 뛰어라."
- 자신만의 독특한 고유한 경쟁력을 찾고 발전시키는 것이 중요하다.
 우리는 경쟁의 시대를 살고 있으며 전문가만이 살아남을 것이기 때문이다.
- 일 자체의 즐거움을 얻기 위해 버릴 것은 풍족한 일상의 자유와 여유다.
 버려야만 얻는다. 그것이 삶의 진실이다.

룰 _ 태초에 룰이 있었다

나는 비상식적인 것을 싫어한다. 그것이 우리 사회의 가장 큰 문제점이라고 생각한다. 대학 시절, 그때가 1980년대 중반부터 1990년대 초반까지였으니 우리 현대사의 분수령이 되었던 1987년 6월 항쟁의 중심에 나도 여느 젊은이들처럼 서 있었다.

솔직하게 말하면 당시 나는 정치 제도의 변화에 대한 소명의식보다는 우리의 일상과 관련된 실제적이고 피부에 와 닿는 현실세계의 불합리하고 모순점들에 대해 분노하고 있었다.

공정선거감시위원단에 참여했을 때다. 선거라는 민주주의 핵심적인 제도를 둘러싼 사람들의 행태는 정말 한심한 수준이었다. 나는 어떻게 이런 사람들이 민주주의 제도에서 민주의식을 함양한 건전한 시민들이라고 말할 수 있을까 스스로에게 반문했다. 불합리하다는 말이 무색할 정도의 행태들이 자행되고, 묵인되고, 간과되었다.

'합리성이라는 측면에서 보면 우리 사회는 아직도 봉건주의에서 깨어나지 못했다.'

그때 내린 내 나름의 결론이었다. 그래서 나는 비상식적인 것, 불합리한 것을 싫어한다. 싫어하는 정도가 아니라 울화가 치민다.

〈강요된 통만두〉라는 묘한 이름의 책을 읽은 적이 있다. KBS의 이광효 기자가 취재 파일 형식으로 자신의 경험담을 엮은 사회 고발 에세이였다. 그 책 중에 이런 이야기가 있다. 점심시간에 분식집을 찾아갔는데 버젓이 걸어 놓은 메뉴판의 음식들 중에 본인이 주문하는 것이 하나도 안 된다는 것이었다. 그런데 종업원이 은근히 다가와서는 아무렇지도 않다는 듯이 말했다.

"통만두 드세요."

그는 마땅찮지만 된다는 것이 그것뿐이라니 어쩔 수 없이 시켜서 먹었단다. 그런데 아니나 다를까 쉰 만두였다는 이야기다.

낙후된 우리나라 서비스 업계의 실태를 고발한 내용이지만 내게는 다른 측면에서 많은 생각을 하게 만드는 내용이었다.

'룰이 없기 때문이 아닐까?'

상식이란 그것을 어겼을 경우 물리적으로 강제되는 법과는 달리 당연히 우리가 그렇게 따라야 하는 생활의 룰이다. 우리가 합리적인 생활 방식을 지향하고 있다면 우리의 상식은 합리성에 기초하고 있어야 한다. 그런데 우리 사회에서 상식이 너무도 자주 깨지는 이유는 나눔이 아니라 혼자만 갖겠다는 이기심 때문이 아니겠는가.

그래서 나는 내가 불합리한 상황과 마주쳤을 때, 비상식적인 일들이 벌어졌을 때, 나만이 아닌 다른 사람들에게까지 피해가 미친다고 생각하면 물불을 가리지 않고 수단과 방법을 다해서 싸우기 시작했다.

선배 부부와 함께 양재동 시민공원에 놀러 간 적이 있었다. 가족, 연인, 친구들과 휴식을 취하기에 좋은 공원이었다. 그런데 웬일인가? 밤이 늦어 주위가 캄캄해졌는데 공원 안에 가로등이 전혀 켜지지 않는 것이었다. 싸들고 간 음식들을 먹을 수 없는 것은 말할 것도 없고 시민들의 세금으로 만든 아주 좋은 환경의 휴식처가 우범지역으로 변할지도 모른다는 생각이 들었다.

수소문 해 본 결과, 관계 공무원들이 가로등을 끄고 켜기가 귀찮아 그냥 내버려둬 그런 일이 벌어진 것이라고 했다. 회사에 나가자마자 서울시장 앞으로 편지를 한 장 써서 팩스로 송부했다. 한참 지나서 서울시로부터 민원에 대한 처리 결과가 왔다. 덕분에 양재동 시민공원의 가로등은 밤마다 환하게 밝혀졌다. 눈이 부시게 밝아져 연인들에게 아주 좋은 데이트 코스가 된 공원을 보고 보람을 느꼈다.

프로페셔널의 세계에는 프로페셔널의 룰이 있다. 내가 젊은 나이에 최고의 연소득 서열에 서자 간혹 질시하는 사람도 있었다. 프로 세계에서는 연소득 서열이 핫이슈일 수밖에 없다. 그런데 그런 질시의 표현 중 간혹 내가 단호하게 거부하는 말이 있다.

"너 몇 살이야? 너 회사 들어온 지 얼마나 됐어?"

나는 나이나 입사연도에 얽매이는 발상법에 결단코 반대한다. 프로의 세계에는 프로의 룰과 능력이 있을 뿐이다. 이미 프로의 세계에 입문했다면 나이나 학력 등에 기대어 실력과 성과의 잣대를 비켜갈 것이 아니라 당당하고 겸손하게 능력에 따른 공정한 평가와 보상만을 요구하고 받아들여야 한다.

도전 _ 세일즈, 그 기나긴 과정

"영업은 매일 아침마다 그 전날 쌓인 눈을 다 치우고 자고 일어났더니, 다음날 다시 전날보다 더 심하게 내린 폭설을 치워야 하는 힘겹고도 기나긴 과정의 연속이다."

전 P&G 한순현 영업본부장(현재 보르네오 대표)이 정의한 세일즈의 개념이다.

어제 일은 어제로 끝났다. 시작의 신선함으로 밤새 쌓인 눈을 또 치워야 하는 일을 '보다 치열하게, 주저하지 말고 당당하게' 해나가야 하는 세일즈는, 매일매일의 도전이다.

에이전트라는 일을 하면서 때로는 슬럼프도 있었지만 세일즈를 일상의 도전으로 받아들이고 좋은 결과를 내기까지는 여러 차례 도약의 계기가 있었다. 물론 계기는 사람을 만남으로써 이루어졌다.

내가 만난 귀인 중의 한 분으로 시티은행의 전희수 전무를 잊을 수 없다.

전희수 당시 지점장은 생명보험의 가치를 소명의식을 갖고 전달하려고 하는 나의 에이전트십과 보다 합리적이고 세심한 태도로 고객 한 사람 한 사람을 대하려고 하는 나의 세일즈 방식에 매우 감동하고 나를 격려해 주었다.

초기 에이전트 시절 보험 에이전트에 대한 사회적 인식이 많이 낙후되어 있던 때라 고객들을 만나기 전 사실 사회적 선입견을 의식하지 않을 수 없었다. 나 자신은 의욕으로 불타고 있었지만 의욕만으로 되는 일인가 하는 회의가 들던 무렵이었다. 전 지점장의 격려는 나 자신과 내가 하는 일에 대해 확신을 굳히는 계기가 되었다.

햇병아리 세일즈맨에게 진심으로 격려를 아끼지 않고 가치를 인정함으로써 동기를 부여해 주신 전 지점장은 내게 진정한 프로페셔널로 비쳐졌다. 이후 내가 변함없는 적극성을 견지할 수 있었던 것도 전 지점장의 격려에 힘입은 바 크다.

이것이 되는 일일까, 안 되는 일일까 생각하는 순간 세일즈라는 직업은 위험한 일이 된다. 스스로 사상범이 되어야 한다. 자신의 상품이 지닌 가치를 확신하고 그런 태도로 고객들에게 가치를 전달해야 한다. 태도가 이루어지면 많은 것들이 저절로 이루어지게 된다.

잠들기 전 나는 그날 한 일을 슬라이드 돌리듯 머릿속에 떠올려 본다. 실패했으면 실패의 원인을, 성공했으면 성공의 요소를 하나씩 떠올려 본다. 그리고 내일 만날 고객과의 즐거운 만남을 상상한다. 아침에 일어나자마자 그날 해야 할 일을 머릿속에 정리한다. 그리고 잘 될 것이며 잘 될 수 있다는 자기암시를 불어넣고 회사로 출근한다. 또 다른 도전을 매일 준비하는 것이다.

시간 관리 _ 바쁜 일보다 중요한 일이 먼저다

'오전 10시 여의도 SK빌딩 김 부장, 오후 1시 강남 삼성동 섬유센터 빌딩 이 대리, 오후 4시 여의도 증권거래소 박 차장……'

만일 하루의 일정을 이렇게 작성한 세일즈맨이 있다면 조금 거칠게 말해 그 사람은 성공 가능성이 희박하다. 여의도와 강남 사이를 그 시간대에 왕복한다는 것은 거의 불가능 할뿐더러 혹시 제 시간에 맞춰 약속 시간을 지킨다 해도 매우 비효율적이다. 이런 식의 시간 관리는 세일즈맨 자신의 업무에도 비효율적일 뿐 아니라 고객에게 제공하는 서비스의 질까지 떨어뜨리는 결과를 초래하게 된다.

에이전트 초창기 시절, 나는 평균 새벽 5시 30분에 일어났다. 그리고 총알같이 회사로 직행해서 6시에 도착했다. 그때부터 준비를 시작하여 다른 동료들이 출근할 때쯤인 8시 30분이면 나는 고객이 기다리고 있는 필드로 출동했다. 그리고 저녁 7시나 8시에 회사로 돌아와 하루를 정리하고 거의 12시가 가까워질 때야 비로소 집으로 돌아갔다.

일주일은 168시간, 그중 내가 자산으로 운용한 시간은 80시간 이상이었다. 이것이 내 노동시간의 양이었다면 질은 스케줄을 잘 잡는 일이었다. 아침에 일어나면 거의 습관적으로 하루의 스케줄을 하나하나 체크했다. 고객과 만나 계약이 체결되는 상상을 하면서 마음가짐을 밝고 긍정적이고 적극적인 상태로 조절했다.

그 다음은 준비와 정리의 시간이었다. 고객과 만나는 시간이나 고객을 만나기 위하여 이동하는 시간을 제외한 나머지 시간은 거의 스케줄을 짜는 시간이다. 물론 이번 주 활동 스케줄은 지난주에 짜놓은 스케줄에 따르는 것이고, 이번 주에 짜는 스케줄은 다음 주의 활동 스케줄을 짜는 것이다. 이때 가장 중요한 고려 사항은 지역적 효율성에 따라 동선을 배치하라는 것이다. 이를테면 여의도에서 하나의 약속이 잡혔다면 그날 하루는 여의도 지역에서 추가적인 미팅을 진행해야 한다.

만약 고객과 만나는 곳이 낯선 장소라면 지도를 검색한다. 약속 장소에 가장 빨리 가는 방법을 찾고 소요되는 시간을 따지고 다른 약속과의 연계를 살폈다. 익히 알고 있듯이 세일즈의 가장 큰 복병은 서울 시내의 교통 상황이다. 언제 어떤 변수가 터질지 몰랐다. 그러한 모든 변수를 고려하여 지도를 들여다보면서 탐구하고 고민하고 애를 썼다. 이처럼 시간을 창의적으로 관리하려는 자기만의 노력이 필요하다.

나는 여전히 운전면허가 없다. 지하철과 버스 그리고 택시로 다니다 보니 서울시내에서 길 찾는데 선수가 되었다. 아직도 나는 지방을 가야 할 일이 있으면 KTX나 비행기를 이용하고 가끔은 모범택시를 하루종일 빌리기도 했다.

세일즈맨의 유일한 자산이 시간이고 그 시간을 활용하여 사람을 만나서 제품과 서비스를 파는 것이 세일즈의 내용이라면 주어진 시간 동안 가능한 한 많은 사람을 만나야 많은 제품을 판매할 수 있다. 그러므로 당연히 상담의 횟수, 그 자체를 늘려야 한다.

프로세일즈맨은 아침형 인간이 되어야 한다. 아침에 일찍 출근해서 계획을 세우고 오늘 만날 고객들에 대해서 구상을 하는 시간이 필요하기 때문이다. 그래서 나는 아침에 일찍 나오는 것을 대단히 중요하게 생각한다. 예술적인 창의력은 밤에 나온다고 하지만 비즈니스에서의 효율성을 결정하는 것은 새벽 시간인 것 같다. 새벽의 좋은 영감을 가지고 그날을 시작하는 것이 중요하다.

나는 요즘도 새벽 5시 30분경에 일어나서 7시쯤 출근을 한다. 에이전트 시절보다 한 시간 늦어지기는 했지만 출근해서 먼저 이메일이나 인터넷 검색을 한다. 차를 한 잔 마시고 아침 8시부터 11시까지 중요한 결제나 지점 구성원들과의 상담을 한다. 지점에서 오전 11시 반쯤 나가 점심 약속을 포함한 외부 미팅을 하루에 서너 개 정도 소화한다. 회사로 돌아오는 시각은 오후 5시에서 5시 30분 정도가 된다. 저녁 때 일주일에 두 번 정도 직무설명회를 하는 경우가 있는데 짬을 내어 운동을 하러 간다. 운동을 하고 돌아와서 밤 8~10시까지 직무설명회를 하고 설명회가 없는 날은 9시까지 일을 하고 퇴근 한다. 토요일도 출근을 하지만 일요일만은 아이들의 숙제를 도와주며 가족과 시간을 보낸다.

현재 나의 업무는 멀티태스킹 능력을 필요로 한다. 일단 중요한 현안들을 메모한 후 하나씩 지워나간다. **급한 일보다는 중요한 일에 먼저 집중한다.** 급한 일에만 집중하다 보면 방향성을 잃을 수도 있기 때문이다. 외부 업무 중, 중요하지 않은 것은 배제하기도 하며 내가 가지고 있는 시간을 될 수 있는 한 부가가치 높은 일에 사용하려고 한다.

　에너지를 효과적으로 발산하는 최고의 방법은 긍정적인 곳에 에너지를 발산하는 것이다. 에너지는 한정적이기 때문에 가급적 부정적이거나 문제를 일으킬만한 곳에는 쏟지 않는다. 전체적인 조직의 성장 쪽에 많은 에너지를 쏟으려 한다.

　재차 강조하지만 세일즈는 확률 게임이다. 확률을 높이는 데에는 기회를 확대하는 것이 우선적인 과제다. 한정된 시간 안에 많은 수의 사람을 만나려면 시간을 쪼개고 쪼개서 자신의 것으로 만들어야 한다. 바쁜 사람일수록 유능하다. 유능한 사람은 자신의 시간을 조절할 줄 안다.

확신 _ '강한 동기'와 '긍정적 마음가짐'이 기본

세일즈맨에게는 세일즈맨십이라는 것이 있다. 한마디로 하면 세일즈맨 자신의 생존과 가족의 생계를 위해 상품을 반드시 팔고야 말겠다는 강한 정신력이다. 물론 너무 강한 세일즈맨십은 지나치게 경직되거나 부담스러워서 고객으로부터 강한 거절을 불러오기도 하지만 적절한 세일즈맨십이야말로 고객이 흔쾌히 계약서에 서명할 수 있도록 이끌어 주는 원동력이다. 가장 바람직한 세일즈맨십은 강한 승부 근성이나 동기가 그 기본이 되어 있어야 한다.

　초창기 영업 현장을 정신없이 뛰면서 내 머릿속을 맴돌던 세 가지 의문점이 있었다.

첫째, 내가 파는 생명보험이 내 고객에게 정말 필요한 것인가?

둘째, 가입하는 이유는 무엇이고 거절하는 이유는 무엇인가?

셋째, 어떤 상황에서 사인을 하고 어떤 상황에서 사인을 하지 않는가?

결론부터 말하면 이 세 가지 문제에 대한 답의 핵심은 세일즈맨의 확신이다. 세일즈맨 자신이 판매하는 제품이나 프로그램에 대한 확신이 강하면 강할수록 고객은 세일즈맨에게 점점 빨려 들어온다. 모든 가망고객은 '확신'에 사로잡혀 있는 세일즈맨과 거래하길 원한다.

판매과정을 진행하는 동안 고객들로부터 공감한다는 표현이 나오면 그것은 계약의 신호이다. 서둘러 문제 해결을 위한 종결단계로 접어들어야 한다.

공감 되는 사안에 대해 당사자들 간에 핵심을 서로 나누며 이해하는 수준이라고 정의할 수 있다. 즉, 왜 생명보험이 필요한가에 대한 고객과 에이전트 간의 이해의 교환이다. 따라서 에이전트의 제품에 대한 확신 없이는 고객의 공감을 이끌어내기란 불가능하다.

예전에 내가 팔았던 푸르덴셜의 생명보험이나 최근 메트라이프에서 각광을 받고 있는 은퇴플랜과 투자 상품 그리고 자산설계 등의 개념이 내게 재미있고 가치가 있는 상품이었을까? 솔직히 처음에는 가치에 대해서 잘 몰랐다고 해야 할 것이다. 왜냐하면 에이전트 시절에 나는 미혼이었기 때문에 이성적 판단으로야 그 가치에 대해 충분히 납득했지만 미혼인 내가 '가족사랑'의 가치를 가슴으로 이해하기란 어려웠기 때문이다. 먼저 미쳐야 했다. 고객에게 생명보험의 가치가 전달된 순간 오히려 난 고객을 통해 '가족사랑'의 가치를 눈으로 직접 확인할 수 있었다. 직접 보는 것만큼 확실한 것은 없다. 미쳐서 하다 보니까 가치가 자연스럽게 형성되었다.

우리의 일상생활에서 일반적으로 통용되는 본능이 있다. 누구나 아침에 한숨 더 자고 싶은 욕망도 그런 본능의 하나일 것이다. 또 동료나 친구들이 일과 후에 찾아와 한 잔 하자고 하면 자연스럽게 따라나서는 것도 본능적인 행동이다. 하지만 나는 그런 본능들마저 거부했다. 그리고 아무도 없는 사무실에서 밤 12시까지 일했다. 쉬운 일은 아니었다. 고통마저 즐기려 했다는 표현이 맞을 그런 시절이었다.

내가 그렇게 나를 극한으로 몰아간 데에는 두 가지의 버팀목이 있었다. 그 중 하나의 버팀목은 '강한 동기'였다. 세일즈 현장에서 끝을 보겠다는 내 삶에 던진 승부수였다. 물론 그 안에는 아주 좋은 조건이었던 전 직장을 그만둔 내 자신이 옳았음을 입증하려는 심리도 작용했을 것이다.

두 번째 버팀목은 '긍정적인 마음가짐 PMA'이었다. 아침마다 그날 만날 고객들과 즐겁게 상담하는 것을 미리 머릿속에 그렸고 그 중에 다수는 흔쾌히 프로그램에 동의하며 계약서에 서명하는, 긍정화 이미지 트레이닝을 매일 실시했다. 이 기법을 마인드콘트롤에서는 멘탈 리허설이라고 부른다. 나의 미래는 내가 어떤 마음자세로 사물과 일을 바라보느냐에 달렸다고 믿었다.

확신에는 두 가지 요소가 있다. 목숨을 건 '강한 동기'와 '긍정적인 마음가짐'이 그것이다. 확신은 세일즈맨십의 기본이다.

마무리 _ 최후의 1미터까지 파라!

나는 고객을 만나는 것이 즐겁다. 만나서 내가 가진 생각과 느낌들을 정신없이 교환하다 보면 어느새 고객은 내 편이 된다. 고객들에게 생명보험을 설명하는 것보다 훨씬 많은 것을 고객과의 만남을 통해서 배우고 느낀다.

세일즈 프로세스 중에서 고객과의 계약이 체결되기 위해서는 계약 바로 직전의 종결과 거절처리가 중요하다. 그 상태까지 진행시키기 위해 투자한 시간과 노력의 양이 엄청나기 때문이다. 기회가 다시 온다고 생각하면 오산이다. 그렇다고 해서 고객을 코너로 몰아붙여서는 안된다. 자신감을 갖고 생명보험의 필요성에 대해 다시 한번 설명하는 문전 처리에 대한 적극성이 요구된다.

이처럼 '일을 되게 하는' 마지막 종결 단계는 요즘 같은 경쟁시대를 살아가는 프로가 갖추어야 할 자세의 하나라는 것을 절감할 수 있었다.

보험 업계에 '리스크'라는 개념이 있다. 보험사업자들이 자신 있게 사업을 계속할 수 있도록 도와주는 손실 발생의 불확실성을 말한다. 손실 발생이 확정되어 있으면 보험회사의 손실 미발생이 확정되어 있는 것이며 그렇게 되면 가망고객의 보험 자체에 대한 니즈가 소멸하게 된다. 손실의 발생 자체가 예측 불가능하다는 것은 때로는 우리의 인생을 신나게도 긴장되게도 만든다.

이러한 리스크의 개념을 비즈니스에 적용시킨다면 리스크를 떠안고 뛰어드는 것이 바로 벤처정신이다. 벤처 사업가들의 탁월한 점은 배팅을 할 때 몸과 마음을 다 던진다는 것이다. 고생 끝에 나스닥과 코스닥 등록을 통해 거부가 된 이들을 보면 떠오르는 일화가 있다.

R. U. 다비라는 사람이 있었다. 그는 금광에 미쳐 있었다. 언젠가는 금맥을 찾아 부자가 되겠다는 신념에 불타 있었던 그는 채광권을 사고 한 광산에서 작업에 열중하고 있었다. 마침내 그는 어마어마한 황금맥을 찾아냈다. 금은 끝없이 쏟아져 나왔다. 빚도 거의 갚게 되었다. 거부가 되는 것은 시간 문제였다. 그런데 어느 날, 뜻하지 않은 일이 벌어졌다. 금맥이 뚝 끊어지더니 흙더미만 나왔다. 다비의 무지개가 순식간에 사라져버린 것이다.

그는 계속 광맥을 뚫어가며 금맥을 찾으려고 온갖 노력을 다했다. 그러나 무지개는 다시 나타나지 않았다. 모든 게 허사였다. 결국 다비는 단념해버렸다. 그는 채굴기를 끌고 고철상으로 갔다. 기계마저 팔아버리고 기차를 탔다. 허망한 마음을 안고 고향으로 돌아간 것이다.

한편 채굴기를 산 고철상 주인은 궁금했다. 그 좋은 금맥이 그렇게 허무하게 사라질 수 있단 말인가. 그는 광산 기사를 데려와 그 산의 특성을 조사하도록 했다. 광산 기사는 금맥의 단층을 찾아야 한다는 결론을 내렸고 고철상 주인은 그의 조언대로 단층을 찾는 작업을 시작했다. 광산 기사의 조사는 적중했다.

그런데 고철상 주인이 찾아낸 금맥의 단층은 다비가 중도에서 포기했던 지점 바로 1미터 밑에 있었다. 고철상은 그 광산에서 나온 금으로 수백만 달러의 돈을 벌었다.

1미터 앞에 있는 성공을 잡지 못한 다비는 자신의 뼈아픈 실책을 또다시 되풀이하고 싶지 않았다. 생명보험회사를 설립한 그는 당장 생활 신조를 바꾸었다.

"1미터 더 뛰어라."

그리고 그는 실패에 직면할 때마다 "한 번만 더 뛰어보자." 하고 스스로를 채찍질했다. 보험 가입을 거절하는 사람들이 그의 눈엔 꼭 1미터 아래에 있는 금맥처럼 생각되었다. 그때마다 그는 손톱이 빠지는 아픔을 감내하며 땅을 파는 수고를 아끼지 않았다. 다시 설명하고 다시 설득해서 끝내 고객으로 모셨다. 다비 자신도 그랬고 그가 고용한 직원들도 그런 정신으로 일했다. 그의 성공은 전설이 되었다.

컨디션 _ 야구장엔 왜 불펜이 있는가?

비서를 모집하는 과정에서 나는 40여 명이나 되는 지원자들과 인터뷰를 했다. 내가 가장 놀란 것은 그들의 무지에 가까운 맹목성이었다.

"연봉은 얼마나 원하십니까?"

"3천만 원 정도요."

"왜죠?"

"제가 그 전 회사에서 2천 5백만 원 정도를 받았거든요."

"객관적으로 당신의 능력이 그 정도일 거라고 생각하십니까?"

"……."

그 외에도 이유는 많았다. 자기 친구가 얼마를 받으니까 자기도 그 정도는 받아야겠다는 대답부터 자기 학력에 그 정도는 받아야 된다는 둥. 하지만 나의 마지막 질문에 대해선 그 누구도 근거 있는 대답을 하지 않았다. 대답을 하지 않는 것이 아니라 못하는 것이었다. 어느 누구도 자신의 능력을 정확히 객관적으로 평가하는 기준을 제시하는 사람은 없었다.

나는 이런 현상이 단지 젊은 여성들만의 문제라고는 생각하지 않는다. 요즘 우리 사회 젊은이들의 일반적인 속성이 아닌가 한다. 그들은 자기의 가치를 평가하고 그에 상응하는 대접을 받아야겠다는 생각을 안 하는 것 같다. 다만 남들이 그러니까, 남들이 그렇다고들 하니까 하는 맹목성만 보이는 경우가 생각보다 많다.

그런 맹목성은 과정에 대해 고민하지 않기 때문에 나타나는 결과일 것이다. 자신이 3천만 원의 연봉을 받기까지는 때론 인내하고 때론 고통을 맛보며 묵묵히 기다려야 하는 시간이 필요하다는 것, 그 시간 동안 자신의 능력을 숙성시켜야 한다는 것을 모르기 때문일 것이다.

　미국에서 유수의 MBA 스쿨을 나온 젊은이들 중에는 높은 연소득의 컨설팅 회사보다는 광고회사의 'AE Account Executive'가 되는 경우가 많다. 광고회사 AE의 연소득은 기껏해야 3~4만 불이다. 그 연소득으로는 미국에서 중산층 이하의 생활밖에 못한다. 그러나 그곳에서 실력을 인정받아 스카우트 되면 곧바로 10만 불 이상의 연소득으로 점프한다.

　그것이 불펜 에이전트 시스템이다. 투우장의 불펜에 20여 마리의 황소를 풀어놓는다. 그중 가장 힘세고 강해 보이는 놈을 골라 그날 투우의 축제에 사용한다.

　우리에게 친숙한 야구장의 불펜에서도 시합 전에 여러 명의 투수들이 몸을 푼다. 그날 컨디션이 제일 좋아 보이는 투수에게 감독의 선발 출전 사인이 떨어진다. 이러한 시스템의 의미는 그 기간 동안 자신의 능력을 최대한 끌어올려 놓으라는 암묵적인 메시지다.

　내가 만난 요즘의 사회 초년병들과 대학생들은 자신의 고유한 경쟁력과 상품적 가치 Selling Point가 무엇인지 잘 모르고 있는 것 같다. 아니 생각조차 안 하는 것 같다. 한 회사에 취직을 한다는 것은 자신의 상품적 가치를 가지고 고용주와 계약을 맺는 것이다. 그리고 자신이 받는 연봉은 회사에 기여한 것에 비례하여 받는 것이 정당하다. 내가 어느 대학 어느 과를 나왔다든가, 남들이 그러하니까 하는 식의 사고방식으로는 더이상 통하지 않는다.

　연봉 3천만 원을 받고 싶으면 3천만 원에 해당되는 자신의 상품 가치를 개발해야 한다. 상품 가치를 유지할만한 컨디션을 늘 유지해야 한다. 스스로 부족하다는 생각이 들면 부족한 부분을 끊임없이 채우기 위해 노력해야 한다. 그것이 아무리 혹독하고 힘든 과정이라 할지라도 말이다.

더욱더 중요한 것은 자신만의 독특하고 고유한 경쟁력을 찾고 발전시키는 것이다. 왜냐하면 우리는 경쟁의 시대를 살고 있으며 미래는 더더욱 차별화된 전문가만이 살아남을 것이기 때문이다. 아주 조금이라도 자신이 남보다 나은 점을 발견한다면 그 부분을 개발해야 한다. 남보다 조금만 더 나으면 될 수 있다. 남보다 훨씬 다르게.

포기 _ 버린 만큼 얻는다

푸르덴셜 시절, 내 주위의 몇몇 동료들을 보면서 안타까울 때가 많았다. 실상 푸르덴셜의 에이전트들은 전 국민에게 큰 타격을 준 IMF 위기 상황 속에서도 크게 영향을 받지 않았다. 오히려 다른 기업이나 보험회사들이 어려움을 겪고 있을 때 훨씬 더 순항을 거듭해 나갔다. 물론 그것은 푸르덴셜의 기업 정신과 시스템, 에이전트들의 고군분투 그리고 주문형 생명보험이라는 상품의 우수성이 만들어낸 필연적인 결과였다.

당시 푸르덴셜 에이전트들의 평균 연소득은 상당히 높은 수준이었다. 그만큼 에이전트 개인의 평균 노동량이 많으며 회사에 기여한 만큼 공정하게 보상한다는 푸르덴셜 시스템의 장점이 만들어낸 결과였다. 그러다 보니 몇몇 에이전트들에게서 처음에 보였던 도전적인 사업가적 자세가 사라지고 어느새 샐러리맨과 같은 자세로 안주하려고 하는 경향이 나타나기도 했다. 사업가는 샐러리맨에 비해 성취욕구와 경제적 욕구로 똘똘 뭉쳐 있는 사람들이다. 따라서 사업가들은 자율적으로 일한다. 자율적인 사람에게는 그만큼 창의성이 요구되고 위험도 따른다. 성공했을 때의 달콤한 결실을 맺기 전까지 위험과 책임도 스스로 감당해야 하기 때문에 그만큼 어렵고 힘들다. 만일 사업가적 창의성과 위험을 감당할 열정을 잃어버린다면 그들은 곧 도태되고 말 것이다.

일정 수준의 고지에 올라선 에이전트는 그만큼 치열한 학습과 경쟁 과정을 통과하여 승리자가 된 사람이다. 그러나 고지에 오르는 것보다 그 치열함을 지속적으로 유지하기는 훨씬 더 어렵다. 그러한 사실을 누구보다 잘 알고 있으면서 힘든 현실로부터 눈을 감아버리려 하는 사람들을 보면 안타깝다.

주위 사람들은 나보고 일에 미쳤다고 했다. 심지어는 '워킹 머신'이라고까지 말한다. 뭐 그럴 것까지 있겠느냐는 야유섞인 표현일 것이다.

모든 사람들이 원하는 자유를 떠올려 본다. 그러나 자유란 많이 가질수록 좋을 것 같지만 막상 갖게 되면 허무해진다. 그래서 때로는 자유 그 자체를 얻기 위해 집착하기보다는 구속과 제한이 존재하는 상황을 즐기는 여유도 필요하다고 생각한다. 내가 알고 있는 자유는 더 많은 것을 얻기 위해 버려야 하는 첫 번째 항목이다.

내게 쾌락은 일 자체다. 일하는 것 자체가 즐겁다. 일을 준비하는 즐거움, 내가 기획하고 의도한 방향으로 판이 짜여갈 때의 즐거움을 잊을 수가 없다.

내가 일 자체가 주는 즐거움을 얻기 위해 버린 것은 풍족한 일상의 자유와 여유다. 모처럼 만난 동창 모임에서 일 때문에 동창들과 같이 어울리지 못하고 어색한 분위기를 만들 수밖에 없던 내게, 그런 모습이 보기 좋다고 따뜻하게 인정해주던 친구들을 나는 좋아한다.

버려야만 얻는다는 것, 그것이 삶의 진리 아닐까. 나는 결혼도 결국은 그런 삶의 원리와 상통한다고 생각한다. 결혼이란 각자가 갖고 있는 관념과 습관을 약간씩 혹은 대부분 포기하고 가정이라는 더 큰 가치를 위해 사랑하는 사람들끼리 화합하는 과정이라고 생각한다. 길게는 30년 이상, 짧게는 20여 년을 서로 다른 문화적 울타리 안에서 성장한 사람들이 새로운 울타리를 만들려면 얼마나 많은 것을 양보하고 포기하고 버려야만 하는가.

Champion Dictionary

거절

고객이 가질 수 있는 중요한 무기. 에이전트가 자신 있게 자사제품의 가치에 대해 고객에게 소개할 수 있는 자유를 갖고 있다면 반대로 고객 또한 에이전트가 제시한 프로그램에 대한 개인적 거절을 표시할 자유를 가지는 것이다. 단호한 거절이냐 아니냐의 여부보다는 진정한 거절과 거짓 거절을 판단하고 이런 거절들로부터 다시 한 번 상품의 가치와 필요성에 대해 역설하는 에이전트의 자신감이 요구된다. 에이전트에게는 세 가지의 두려움이 존재하는데 1)전화했을 때 차갑게 혹은 비인격적으로 대우받을 두려움 2)가망고객을 만났을 때 거절당할 두려움 3)거절을 극복하지 못하고 계약에 실패할 두려움이 그것이다. 거절을 극복하는 최선의 방법은 거절을 환영하는 것이다. 거절로부터 시작된 고객의 충성도가 그렇지 않은 고객보다 낫다는 것은 경험자들 모두가 인정하는 사실이다. 또한 고객의 거절이 에이전트 개인에 대한 거절이 아니라 제안된 프로그램에 대한 고객 개인의 적합성에 대한 거절이 아닌가 냉철히 고려할 필요가 있다.

결혼

서로가 갖고 있는 관념과 습관을 약간씩 혹은 대부분 포기하고 가정이라는 더 큰 가치를 위해 사랑하는 사람끼리 화합하는 과정. 대부분의 기혼자들이 말하는 것처럼 과정과 결과가 그렇게 달콤하지만은 않다. 그래도 희망적인 것은 두 사람에게 그 전보다 더 큰 밝은 미래가 열린다는 사실이다.

긍정적인 마음가짐 Positive Mental Attitude : PMA

아침에 일어나면 오늘 만날 고객들과 즐겁게 상담할 것들을 미리 머릿속에 그려보고 그 중 다수는 흔쾌히 프로그램에 동의하며 계약서에 서명하는 긍정적 이미지 트레이닝을 매일 실시한다. 수증기가 변하여 물이 되듯이 우리 미래는 우리가 어떤 마음가짐으로 사물과 일을 바라보고 있느냐에 달려 있다.

동기부여 Motivation

태도의 핵심. 매일 같은 일, 동일한 주제를 반복해야 한다는 것은 일종의 고통이다. 에이전트 스스로가 자신의 사업에 대해 매일매일 새롭게 가치를 느끼고 그 가치만큼 이를 고객들에게 전달하려 노력한다면 일에서 느끼는 만족감은 극대화되고 피로는 씻은 듯이 없어질 것이다. 극단적으로 발전하면 승부근성이 되지만 그 정도를 요구하는 것은 아니다. 사업적 관점에서 일을 도모하는 에너지를 꾸준히 더 높은 레벨로 발산하는 것이 중요하다.

리스크 Risk

보험사업자들이 자신 있게 사업을 계속할 수 있도록 도와주는 손실발생의 불확실성. 손실발생이 확정되어 있으면 보험회사가, 손실의 미발생이 확정되어 있으면 가망고객이 보험 자체에 대한 니즈를 잃게 된다. 손실의 발생 자체가 예측불가능하다는 것은 때로는 우리의 인생을 신나고 긴장되게 만드는 것이기도 하다. 몇 년 전에 LA폭동이 난 후에 미국인들은 한국교포들에 대해 의문점을 갖게 되었다. 수백 만 달러로 평가되는 본인 소유의 슈퍼마켓에 보험을 한 푼도 들지 않아 알거지가 된 우리의 아저씨, 아주머니들이 다수였기 때문이다. 위험이 있는 곳에는 보험이 필요하다. 만약 보험이 필요 없다면 그것은 이미 위험이 아니다. 라스베이거스의 블랙잭 테이블에서 딜러가 오늘도 고객들에게 질문한다. "인슈어런스?"

세일즈맨십 Salesmanship

세일즈맨 자신의 생존과 가족의 생계를 위해 꼭 팔아야겠다는 강한 정신. 일반인들은 이를 과소평가할 수도 있겠지만 세일즈맨십은 경우에 따라서 꼭 필요한 덕목이기도 하다. 이를 승부근성이나 동기부여로 승화하려는 노력이 가미되면 더욱 좋다. 그러나 너무 강한 세일즈맨십은 오버하기 쉬워 이 부담감을 인식한 고객으로부터 강한 거절에 직면할 수도 있다. 하지만 명심하라. 적절한 세일즈맨십은 때론 고객이 흔쾌히 계약서에 서명을 할 수 있도록 이끄는 원동력이 되기도 한다.

Strategy 8
세일즈 효율을 극대화하는 방법

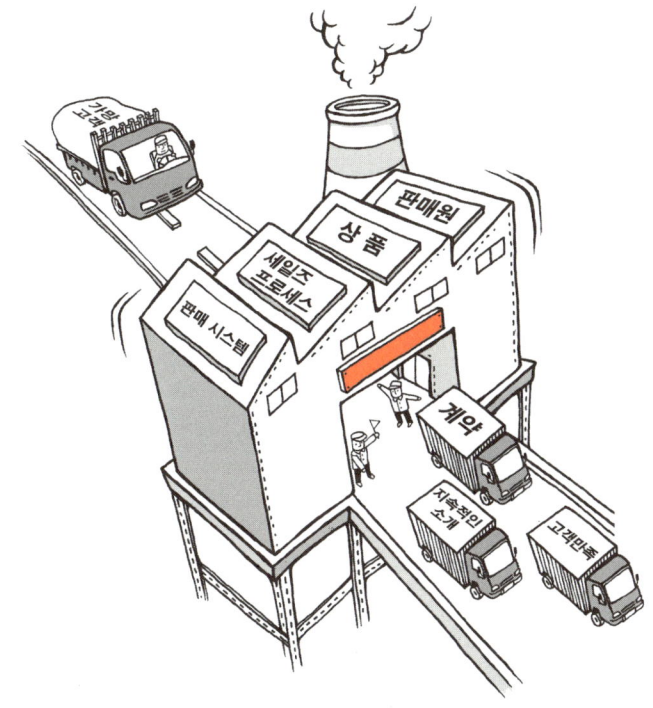

- 원유(공장을 돌릴 재료)를 충분히 준비하라.
  공정라인을 설치하고 점검하는 것은 그 다음 문제다.
- 정교한 판매 프로세스와 양질의 상품으로 무장한 세일즈맨을 양성하라.
  그들에게 가망고객이 있다면 회사는 더 이상 할 일이 없어진다.
- 판매 생산성의 가장 중요한 요소는 양질의 가망고객, 탁월한 세일즈맨, 조직화된 판매 시스템 등이다.
- 세일즈는 행위가 아니라 프로세스다.

어떤 과정도 건너뛰지 마라

"잘 팔아라, 그러면 성공할 것이다."

내가 가장 신봉하는 말이다. 세일즈는 좁은 의미에서 보자면 특정한 상품이나 서비스가 생산자의 손에서 그것을 가장 필요로 하는 소비자의 손으로 넘어가는 과정이라고 할 수 있다. 하지만 나는 미국의 행동과학자가 정의한 "세일즈는 인생이다."라는 말이 훨씬 포괄적이며 적합하다고 생각한다. 왜냐하면 자신의 의사와는 관계없이 거의 모든 사람들이 세일즈 행위를 하고 있기 때문이다. 의사나 변호사는 물론 정치인이나 성직자들조차도 넓은 의미의 세일즈를 하고 있다. 문제는 어떻게 하면 잘 팔수 있을까 하는 점이다. 일단 두 가지 원칙이 중요하다.

첫째, 'Win-Win'의 실현이다. 밀어 부치지 않고 무리한 요구를 하지 않고 적정한 선에서 세일즈맨과 고객 모두에게 가치가 발생하도록 계약이나 협상을 이끌어 가야 한다.

둘째, 세일즈 프로세스를 한 단계 한 단계 충실히 밟는 것이다. 물론 적절한 타이밍과 순서에 입각한 진행 그리고 일관성을 유지하는 것이 과정 속에 녹아 있어야 판매 성공률이 높아진다는 사실도 유념해야 한다.

나의 경우 생명보험 세일즈 프로세스 어느 단계도 중요하지 않은 부분은 없지만 각 단계마다 특히 강조하는 부분이 있다.

프레젠테이션은 에이전트가 준비한 프로그램을 고객에게 설명하는 과정이다. 요약과 질문의 기술이 각별히 요구된다. 생명보험의 기능이나 특징보다는 장점이나 고객이 얻게 되는 이익, 더 나아가서는 생명보험의 가치에 주안점을 두고 과정을 진행시켜야만 계약 성사율이 높아진다. 가장 중요한 점은 생명보험의 진정한 가치를 알려주는 것이다. 생명보험의 특징이나 기능을 설명하는 것은 에이전트가 아니라 팩스나 전자우편을 통해서도 충분히 가능하다.

종결 Closing은 계약에 이르는 마지막 단계다. 축구 선수가 문전에서 날리는 회심의 왼발 슛이라 비유해도 좋을 듯하다. 흥미로운 사실은 슛이 들어가고 나면 공을 막으려던 골키퍼까지도 덩달아 좋아한다는 점이다. 당당하고 자신감 있게 진행해야 한다. 예를 하나 들어보자. 내가 아는 지인 중 한 사람이 자동차를 새로 사려고 네 명의 자동차 영업사원과 접촉했다가 결국에는 차를 구입하지 않았다. 네 명의 영업사원 중 어느 누구도 자신 있게 자신의 제품에 대한 계약을 권유하지 않았다는 단순한 이유에서였다. 또 하나는 미국 LA에서 실제 있었던 웃지못할 사건이다. 아주 큰 상업용 빌딩에 굴지의 생명보험회사가 거의 사옥처럼 입주해 있었는데 건물에서 20년간 경비원으로 일한 사람이 타 회사의 에이전트에게 연금플랜을 가입했다. 회사가 발칵 뒤집혔다. 조사한 이후에 알게 된 사실. 수많은 입주사 에이전트들이 진지하고 자신감있게 권유하지 않았던 것이다. 심심풀이로 농담삼아 말을 건넨 이들은 그 동안 수도없이 많았지만.

종결 과정에서 견지할 것은 자신감이다. 세일즈맨은 펜을 고객에게 넘긴 후 앞에 앉은 가망고객이 이미 나의 고객인 것처럼 자신감 있는 태도와 신념을 가지고 계약을 마무리해야 한다. 열정과 마찬가지로 신념이라는 태도도 전염된다. 그러나 무엇보다도 중요한 것은 고객의 이익을 염두에 두는 것이다. 고객의 입장에서 보자면 그의 가족들이 생활을 영위하는 모든 것—집과 자동차, 컴퓨터, 옷, 구두 등—은 에이전트가 제공한 정보의 수준과 가치에 동감한 고객들의 호주머니에서 나온 것이기 때문이다. 나는 고객에게 감사한다. 고객을 부르는 다른 말은 많다. IBM의 존 에이커 회장은 고객을 '황제'라고 칭했고, 데이비드 오길비는 '아내'라고 했으며, 톰 피터스는 '외국인', 소니의 사훈에서는 '신', 피터 드러커는 '왕'이라 불렀다.

푸르덴셜 시절에는 담당 에이전트였고 현재는 메트라이프 대표지점장인 나를 믿고 생명보험의 가치를 높이 평가한 고객들이 고마울 수밖에 없다. 나는 내가 성취한 모든 결과는 모두 고객에 의하여 만들어진 성공이라고 생각한다.

　비즈니스에 성공하려면 고객을 위한 모든 과정을 한 가지라도 건너뛰지 말아야 할 것이다. 가망고객 발굴 후에 최초 면담 때까지, 면담 후에 계약이 성사되기까지, 계약 후에 보험증권이 나오기까지, 증권 발급 후에 고객의 상황 변화를 반영하여 프로그램에 적용시키기까지 모든 과정에서 적극적으로 개입하고 관여해야 한다. 물론 고객의 이익을 위해서.

'키 피플'을 확보하라

경험상 고객의 자발적 니즈에 의해 판매된 계약은 오랜 기간 지속된다. 내가 초창기에 유지율 100퍼센트를 기록했던 것은 내 고객들이 자발적 니즈에 의해 보험을 구입했다는 증거다. 만족한 고객들은 자신에게 맞는 상품을 구매했다는 사실을 신기하게도 주변 사람들에게 알리기 시작한다. 고객이 다른 고객을 소개시켜 줄 때 새로운 고객을 확보하느냐 못하느냐. 거기서부터 프로페셔널과 아마추어의 차이가 드러난다. 안 될 일을 되게 하는 것이 프로가 아니라 될 일은 반드시 성사시키는 것이 프로이다. 아마추어는 될 일도 놓쳐버리는 경우가 많다.

　가망고객을 발굴하는 방법에는 여러 가지가 있다. 예를 들면 주소록에 의한 'DM 발송'이나, 빌딩을 하나 택하여 위층부터 아래층까지 훑어 내려오는 '빌딩타기', 신문이나 인쇄물의 간지로 홍보를 하는 '전단지 영업' 등을 들 수 있다.

하지만 내가 이미 여러 번 말했듯이 세계적인 톱 세일즈맨들이 채택하고 있는 유일한 가망고객 발굴 비법은 소개에 의한 신규 고객 창출이다.

소개 마케팅은 두 가지 이론적 배경을 가지고 있다.

첫 번째, 무한연쇄법이다. 이것은 아메바의 자기증식 분할이론과 같다. 자신이 만나던 고객 한 명이 다른 에이전트와 계약을 체결했다고 하자. 그럴 경우 손해는 얼마인가? 아마추어들은 한 사람의 계약 건만 놓쳤다고 생각할 것이다. 하지만 프로는 무한대라고 대답한다. 왜? 그 고객이 다른 세 명의 고객을 소개하고 그 세 명의 고객이 각기 세 명의 고객을 또다시 소개하는 연쇄적인 소개 마케팅의 미래 모습을 보기 때문이다.

두 번째, 대수의 법칙이다. 동전을 열 번 던지면 앞면과 뒷면이 나올 확률이 7대 3일 수 있지만 천 번을 던지면 499대 501에 가까워진다는 확률법칙이다. 생명보험이 대수의 법칙에서 출발하고 있다는 사실을 아는 사람은 많지만 세일즈도 대수의 법칙에 의존하여 진행되고 있다는 사실은 쉽게 망각한다. 결국 세일즈는 확률 게임이다. 따라서 세일즈맨의 첫 번째 숙제는 무조건 많은 사람을 만나야 한다는 것이다. 소개 마케팅은 이런 숙제를 해결해 주는 가장 효율적인 방법이다. 소개 마케팅의 핵심은 '키 피플 Key People'의 확보다. 우리말로 '핵심 고객' 정도로 이해될 수 있다. 이는 기존의 고객들 중에서 에이전트를 전적으로 신뢰하며 상품에 대한 가치를 본인 스스로 깨달아 주변 지인들에게 적극적으로 소개하는 사람들이다. 만일 어떤 세일즈맨이 핵심고객을 열 명 정도 확보하고 있다면 그는 최고로 성공한 세일즈맨이 될 수 있다고 말할 수 있다. 왜냐하면 핵심고객 한 명 뒤에 200에서 250명 정도의 가망고객이 있기 때문이다.

푸르덴셜 에이전트 시절, 나에게는 680여 명의 고객 중 스물 명의 핵심 고객이 있었다. 그들은 나를 전적으로 신뢰하고 푸르덴셜 생명보험의 가치를 충분히 이해하는 사람들이었다. 그들로부터 가망고객을 소개받으면 어느새 반 이상 계약이 이루어졌다고 봐도 좋을 정도였다. 핵심고객의 조건은 세일즈맨에 대한 전적인 신뢰와 상품에 대한 충분한 이해 외에 소위 '영향의 중심 Center of Influence'에 있어야 한다. 즉 주변으로부터 신망을 받고 있어서 그 사람의 말 한마디나 소개가 충분한 영향력을 발휘할 수 있어야 한다. 솔직히 이런 고객들로부터 소개를 받기 시작하면 에이전트로서의 일 자체가 신나고 즐거워진다.

"그 선배님께서 소개를 하셨다고요?"

"김 변호사님은 믿을 만한 분이신데 소개를 하셨다니까……."

즉각적으로 계약의 파란 신호등이 깜빡깜빡 들어온다.

어느 정도 경험과 이력이 쌓이면 어떤 고객을 만났을 때 그 사람이 중요고객이 될지 안 될지 대개 느낌이 온다. 물론 의외의 인물도 있다. 내가 생각한 것보다 영향력이 훨씬 강한 사람 말이다.

중소기업을 경영하는 오너 한 분을 만난 적이 있다. 열심히 프레젠테이션을 했지만 결국 계약에는 성공하지 못했다. 그런데 그분의 소개로 연달아 다섯 명의 가망고객을 만나 계약을 체결했다. 그리고 그 다섯 분의 고객이 모두 계약을 체결하자 역으로 그 사장님으로부터 전화가 왔다. 보험업계의 금언 중 '예단하지 말라'는 말을 몸으로 깨닫게 된 에피소드였다.

소개 마케팅, 그것은 세일즈맨이 상위 실적으로 진입하는 유일한 지름길이다. 하지만 그 지름길에 진입하기 위해서는 매순간 최선을 다해야 하고 가망고객을 수도 없이 많이 만나야 한다.

모든 지식을 스펀지처럼 빨아들여라

많이 안다고 해서 잘 팔 수 있는 것은 아니다. 하지만 지식은 필요조건이다.

만일 고객이 상품에 대한 엄청난 사전 정보를 입수하고 있다고 치자. 세일즈맨과 협상 테이블에 앉았을 때 어떤 질문을 하고 무엇을 듣고 싶겠는가. 만일 세일즈맨이 고객보다 제품에 대한 지식에서 밀린다면 그 결과는 불 보듯 뻔하다. 충분히 있을 수 있는 가정이다. 왜냐하면 요즘은 정보통신의 발달로 상품을 구매하기 전 인터넷이나 다른 매체를 통해 사전정보를 검색하기가 쉬워졌고 가망고객이 이미 충분한 양의 정보를 확보하고 있는 경우도 많다. 뛰어난 프로

세일즈맨들은 우리가 아는 수준 이상으로 지식을 갖추고 있으며 또한 그러기 위해 노력을 아끼지 않는다. 자신이 하는 사업, 자신이 속한 회사, 자신이 파는 상품에 대한 기존의 정보와 변화하는 세계에 대한 모든 새로운 지식을 세일즈맨은 스펀지처럼 흡수해야 한다.

내 경우 고객을 만나서 나누는 얘기는 상품에 국한하지 않는다. 오히려 정치, 경제, 사회 등 세상 돌아가는 얘기나 일상적으로 살아가는 얘기를 주로 한다. 그러려면 화제가 충분해야 한다. 그 화제를 마련해 두기 위해 나는 모든 지식을 닥치는 대로 흡수하려고 한다. 내게는 의미 있는 기억 하나가 있다.

조선일보의 '경제과학부'에서는 과거에 매년 1회씩 호텔에 사람들을 불러 모아 놓고 한 해의 편집 기조에 대한 설명회를 갖곤 했다. 나도 여러 번 참석했는데 2~3천 명의 대기업 홍보 담당자들은 자비로 참석을 한다.

처음 참석했을 때 나는 큰 충격을 받았다. 막강한 영향력과 정보력을 가지고 있는 언론사에서 오히려 자신들에게 정보를 달라고 전문가들을 상대로 세일즈를 한다는 것이 이채로웠다.

물론 나는 나중에 그곳에서 만나 명함을 나눈 사람들에게 보험 세일즈를 하기도 했다. 하지만 그보다 더 중요한 것은 내가 그곳에 찾아갔다는 점이다.

세일즈맨에게 필요한 지식이란 상품에 관련된 제반 사항들만이 아니라 세상의 모든 분야에 대한 관심과 정보를 포함하는 개념이다. 나는 그것을 위해서라면 결코 인색하지 않다. 그 지식이 책이든 자료든 아니면 사람 살아가는 이야기든 가려야 할 이유가 없다.

그중 나는 책을 좋아한다. 우리가 밤새도록 지인들과 술을 놓고 토론해서 힘들게 얻을 수 있는 많은 정보, 여론 등이 책을 통해서는 종이와 글씨와 그림들을 보는 것만으로 쉽고 저렴하고 간편하게 얻어진다. 책으로 얻은 것을 자신의 것으로 체화하면 신선도가 조금 떨어진다고 생각할 수도 있다. 하지만 그렇다 하더라도 책은 직접적인 경험 다음으로 좋은 지식의 보고다.

새로운 일을 처음 시작할 때 그 일에 대하여 빨리 제대로 알기 위해서 두 번째로 좋은 방법은 서점으로 달려가서 관련 서적을 찾아보는 일이다. 그럼 가장 좋은 방법은 무엇일까? 누누이 강조했듯이 그 분야의 전문가(또는 유경험자)를 직접 찾아가서 물어보는 것이다.

Champion Dictionary

신뢰
많은 사람들이 상대성이론을 증명할 순 없지만 아인슈타인을 믿기 때문에 상대성이론에 대해 공감을 표시한다. 고객들의 입장에서 보면 구매행위에 있어 가장 중요한 요소는 믿을 만한 세일즈맨으로부터 가치있는 정보를 습득했느냐의 여부이다. 신뢰는 획득하기가 상당히 어렵고 한 번 획득한 신뢰는 시간이 지날수록 세일즈맨의 태도에 따라 그 수준이 향상될 가능성이 높다. 빠른 시간 내에 얻을 수 없는 단점이 있는 대신 시간이 지날수록 기하급수적으로 부정적 혹은 긍정적 방향으로 신뢰의 운동축이 움직이기 시작한다.

외모
조사에 의하면 고객의 98퍼센트는 첫번째 만남에서 외모를 통해 세일즈맨에 대한 결정적인 이미지를 형성한다고 한다. 대면 커뮤니케이션의 3대 요소는 언어 7퍼센트, 말하는 요령(어조) 38퍼센트, 신체언어 55퍼센트이며 신체언어에는 외모·표정·시선·자세·동작 등이 포함된다. 즉 전체 커뮤니케이션 요소 중에서 가장 중요한 것 중에 하나로 외모를 꼽을 수 있다. 결론적으로 세일즈맨이 외모에 신경을 써야 하는 이유는 가망고객이 외모가 깔끔한 세일즈맨을 선호하며 이런 세일즈맨의 권유가 그렇지 않은 사람들보다 훨씬 더 신뢰성있게 비춰져 최종적으로 계약 성사율 자체가 높아진다는 사실이다. 외모로서 성공한 사람의 이미지를 풍기게 하라.

용기
자신에게 어려운 상황에서도 무엇인가 시도해 보도록 유도하는 심리적 근저. 사실 더 큰 용기는 자신에게 충분히 유리한 국면으로 전개되는 상황에서조차도 큰 소리 내지 않고 자신의 기득권을 주장하지 않은 겸손이다. 그러나 대부분의 어려운 상황에서 두려움을 극복할 수 있는 약간의 용기를 발휘하여 그 상황을 헤쳐나간다면 상황 그 자체가 실제로 두려움을 느꼈던 것만큼 심각하지 않았다는 사실을 인식하게 될 것이다. 엄격한 의미에서 우리 삶에서 진정한 용기를 필요로 할만큼 심각한 상황은 그렇게 흔치 않다. 오히려 어려운 상황을 객관화시켜 본인의 소신대로 밀어붙이는 추진력이 요구된다.

전화

비즈니스 커뮤니케이션의 핵심적 수단. 영업을 본업으로 하는 에이전트들은 전화기를 발명한 벨에게 가끔 깊은 감사를 느껴야 한다. 전화로 말미암아 약속을 하고 가망고객과 의사소통을 진행할 수 있으며 때론 오해를 풀기도 한다. 비즈니스를 잘하는 비결이 다른 데 있는 것이 아니라 깔끔하게 차려입고 전화 한통이라도 제대로 받으며 인사만이라도 잘하는 데서 출발한다는 글을 읽은 적이 있다. 사실이다. 바른 자세로 활기차게 명쾌한 목소리로 자신감 있게 전화를 받고 걸기 시작한다면 그 사람의 사업은 이미 밝은 미래가 예견된다. 그러나 전화보다도 더 좋은 커뮤니케이션은 대면접촉이다. 또한 마음이 담긴 친필 편지 한장은 사람을 감동시켜 불가능한 계약을 성사시키기도 한다.

첫인상

최초 만남에서 5분 이내에 형성될 만큼 눈 깜짝할 정도로 빠르게 이루어진다. 나쁜 인상이 형성되면 좋은 느낌으로 반전시키는 데 많은 시간과 노력이 소요된다. 에이전트를 처음 만난 최초 5분의 첫 인상이 계약의 성사여부에 직결되기도 한다. 첫인상을 좋게 남기기 위한 요소들은 약속 시간을 지킴, 복장으로 성공을 느끼게 하기, 부드러운 미소와 반짝이는 눈빛으로 고객을 매료시키기, 절제된 용어와 자신감이 곁들어진 어조로 얘기하기 등이 있다.

Strategy 9

효용가치를 최대로 끌어올려라

- 상품이나 서비스 그 자체보다는 그것들로부터 창출되는 가치 Value에 집중하라.
- 고객이 안고 있는 문제점을 파악할 수 있도록 도와주라.
- 고객을 위한 합리적인 해결방안과 그 가치를 제시하라.
- 유명 백화점에 고급 손님들이 몰리는 것은 현대는 기능이나 특성보다 가치와 이미지로 판매하는 시대인 까닭이다.
- 상품 그 자체에 대해 설명하지 말고 상품이나 서비스를 선택했을 때의 이점과 가치에 대해 설명하라.

프로들의 정보가치 활용법, 'Know-where'

고객의 숫자가 100명을 넘어서면 세일즈맨은 본인이 스스로 구축한 네트워크의 범위와 위력에 놀라게 된다. 살아가면서 부딪히는 크고 작은 문제를 해결할 수 있는 해답이 이 네트워크 안에 있다는 사실을 알게 되면 희열마저 느끼게 된다. 직업을 구하는 일, 배우자를 얻는 일, 아이디어와 자본을 연결시키는 일 등 네트워크의 효용은 우리가 생각하는 것보다 훨씬 파급력이 크다.

현재도 그렇지만 미래의 세계는 더욱더 전문가가 주도하는 사회가 될 수밖에 없다. 한 마디로 이야기 하자면 전문적인 기술을 가진 사람과 인간에 대해 깊은 이해를 가진 사람이 주도해 나갈 것이 분명하다.

한 사람이 모든 걸 다 잘할 수는 없다. 그렇다면 역할을 분담하면 된다. 자신만의 전문적 세계를 구축하고 나머지는 또 다른 전문가들에게 의지할 수밖에 없다. 각자의 세계를 인정하고 서로 간에 도움을 주고받아 현실 상황에 대처해 나가면 된다. 전문가를 찾아내고 이러한 전문가들 사이를 연결해 주는 능력을 가진 사람도 그런 면에서 새로운 유형의 전문가이다.

나의 PDA폰에는 그동안 만났던 사람들 3천 8백 명의 명단이 차곡차곡 입력되어 있다.

한 번은 대학 동창 중 지방의 모 기업체에 다니는 친구로부터 전화가 왔다. 자신이 다른 회사로부터 스카우트 제의를 받았는데 그 회사가 어떤 회사인지 좀 알아봐 달라는 것이었다. 그 회사는 창업한지 얼마 되지는 않지만 매우 유망하다는 평을 듣고 있는 벤처회사였다. 친구가 다니고 있던 곳도 꽤 괜찮은 직장이었지만 스카우트 제의를 받은 회사가 유망하니 옮기면 지금보다는 훨씬 나을 것 같다는 의견을 전달했다.

다음날 그 친구는 자신의 후임을 추천해 달라고 했다. 나는 내 전자수첩을 뒤적여 두 사람을 소개해 주었다. 한 사람은 고객이었고 또 한 사람은 나의 지인이었다.

결국 채용된 사람은 내 고객이었다. 고객은 아주 좋은 조건으로 새로운 직장을 얻어 만족했고 회사도 좋은 인재를 채용한 것에 대해 흡족해했다. 네트워크를 통해 사람과 사람을 연결해준 사례 중의 하나이다.

보험 사업을 흔히 피플 비즈니스라고 한다. 사람들과의 우호적인 관계를 형성해 나가는 과정 속에서 이루어지는 사업이기 때문이다. 현재의 변화는 기술을 가진 사람이나 전문가에 의해 주도되는 듯하다. 그러나 기술을 중시하는 현재 경향에서 놓치지 말아야 할 것이 있다. 바로 **기술보다 인간에 대한 이해가 모든 변화의 우선이라는 점이다. 기술과 사람의 조화를 이끌어낼 수 있는 '사람'이 중요하다는 점에서 정보를 통해 그런 전문가를 찾아내는 것은 세일즈맨의 핵심 역량 중 하나이다.**

내가 정보 네트워크를 갖고 있다는 소문이 나면서 헤드헌팅 회사로부터도 많은 전화를 받곤 한다. 하지만 더욱 중요하게 생각하는 네트워크의 효용은 고객이 안고 있는 문제를 해결해주는 것이다.

개인 자산관리 Personal Finance Management와 관련된 고객의 문제를 네트워크를 통해 해결한 사례도 있다. 대구에 있는 고객인 의사한 분이 조언을 청해 왔다. 들어 보니 재테크 문제, 세금 문제, 상속 문제 등 여러 가지 문제가 복합적으로 얽혀 있었다. 나는 재테크 문제는 문순민 하나은행 지점장에게, 세금 문제는 박종오 회계사에게, 상속 문제는 이현오 변호사에게 문의를 했다. 각 분야에서 최고인 전문가들에게 의견을 구했고 내용을 종합하여 대구의 고객에게 전달해 주었다. 그가 감격한 것은 물론이었다.

물론 내가 일방적으로 고객에게 도움을 주는 것만은 아니다. 내가 파는 생명보험의 가치를 인정해주는 고마운 사람들이 의외로 많다. 나는 그들을 만나 세일즈도 하지만 그보다 더 많은 것을 배운다.

Lee & DDB의 이용찬 대표의 경우도 내게 많은 것을 깨닫게 해준 고객 중의 한 명이다. 그는 당시 굿모닝 증권 서욱 부장의 소개로 알게 되었다.

"이 선배는 꼭 보험에 가입시켜야 합니다."

"왜죠?"

"일을 너무 많이 합니다. 아마 가족을 위한 준비가 안 되어 있을 걸요."

이 대표는 「때와 장소를 가리지 않습니다」라는 통신사 광고를 만든 인물로, 알 만한 사람은 다 아는 광고계의 독보적인 존재였다.

그와의 두 번째 만남에서 마침 동행한 부인과 함께 계약을 했다. 두 번밖에 안 되는 짧은 만남이었지만 나는 그가 매우 신실한 사람이라는 느낌이 들었다. 그의 말투나 태도에서 생활인으로서의 성실성과 종교적인 성실성을 아울러 느낄 수 있었다. 그런데 3, 4일이 지난 후 그로부터 전화가 왔다. 프로그램을 조정하자는 것이었다. 나는 고객이 프로그램을 조정하자면 아무런 토를 달지 않고 바로 응한다. 결국 보험료는 고객의 편의에 맞춰야 하는 것이기 때문이다.

나는 어렵게 스케줄을 맞춰서 그를 찾아갔다. 그가 내게 말했다.

"보험료가 너무 많습니다."

"제가 보기에는 적당한 것 같은데요."

"내겐 교회에 내는 십일조 외에 또 다른 십일조가 있습니다."

이 대표는 자신의 수입 중 일정 부분을 팀원을 위해 쓴다고 했다. 자신과 함께 일하는 팀원들에 대한 고마움의 표시라고 했다. 거기에 덧붙인 그의 말에 나는 절로 고개가 숙여졌다.

"사회에 기여하는 부분보다 개인적인 보장을 너무 많이 받는 것 같아요."

개인의 이익보다 자신을 돕는 주변의 사람들을 위해 배려할 줄 알며 사회적인 책임감도 느낄 줄 아는 사람을 만날 수 있다는 것은 흔한 일이 아니다. 그는 강하고 매우 매력적인 사람이었다. 자신의 분야에서 능력을 인정받고 있으면서도 교만하지 않는 그의 태도에 나는 놀랄 수밖에 없었다. 나는 흔쾌히 프로그램을 조정했다.

더군다나 그는 진심으로 보험에 대해 진지하게 생각하는 사람이었다. 나조차도 가끔 깜박 잊고 내 자신의 보험료를 연체하는 경우가 있는데, 그는 내 고객 중 거의 유일하게 한 번도 보험료를 연체한 적이 없었다.

네트워크의 속도만큼이나 세상은 너무 빨리 변하고 있다. 요즘 신문을 보면 경이로움을 느낀다. 내가 머릿속에 그리고 있던 것들이 어느새 현실로 나타나고 있을 때는 깜짝깜짝 놀라게 된다. 특히 정보통신 분야에서의 발전은 비약적이라는 말이 무색할 정도로 하루가 다르게 변하고 있다. 빌 게이츠가 말했듯 '생각의 속도'로 변하고 있다는 느낌마저 든다. 어쩌면 우리가 상상하는 모든 것이 10년 안에 현실로 나타날지도 모른다.

하지만 전문가가 주도하는 사회면서 전문가가 대접받지 못하는 사회, 이것이 우리 사회의 현 단계 모습이 아닐까. 네트워크의 최종 목적은 고객이 만족하는 서비스를 위해 존재한다. 그러자면 생각의 속도에 적응할 수 있는 전문가다운 방법론이 필요하다.

흔히 문제를 해결하는 방법을 노하우 'Know-how'라고 한다. 원래 노하우란 코카콜라의 보틀링 비법 등 비법, 비결이란 뜻으로 쓰이기 시작했지만 지구상에 알려진 몇 가지만을 제외하면 실제로는 일반적으로 그냥 어떤 일을 하는 방법으로 해석되고 있다(나는 원래 의미의 노하우가 실제적으로 활용되기 위해서는 실제의 방법론보다 그 방법론을 문서로 정리할 수 있는 치밀함이 더욱 중요하다고 생각한다).

냉정히 말하면 이제 비즈니스 세계에서는 노하우보다는 정보가 어디에 있는지를 파악하는 '노웨어 Know-where'가 더 중요해지고 있다. 그 노웨어의 접점에 전문가가 있다는 것이 나의 생각이다. 내가 구축하려는 네트워크는 그런 노웨어들을 연결한 것이다. 나도 물론 그 노웨어의 한 접점이다.

진정한 파트너십 'Win-Win-Win'

고객과 에이전트 그리고 보험회사는 가치를 창출하기 위한 일란성 샴 쌍둥이다. 고객은 미래의 가치를 위해 보험료를 내고 에이전트는 고객과 회사를 위해 가치를 팔며 보험회사는 고객과 에이전트를 위해 보상체계의 가치를 높인다. 그러니 고객과 에이전트와 보험회사는 한 몸일 수밖에 없다.

엄밀하게 말하면 고객이 내는 생명보험료는 고객 자신을 위해서 한 푼도 쓰여 지지 않는다. 그렇다면 어디에 쓰이는 것일까? 그 보험료는 우선 고객 자신보다 먼저 운명한 다른 고객들의 가정을 위하여 사용된다. 그리고 가장을 잃고 어려움을 당한 그 집 아이들의 꿈과 미래를 위하여 지급된다. 또한 고객 자신이 운명했을 때도 본인을 위하여 장례비 정도로만 사용될 뿐 오롯이 자신의 아내와 아이들을 위해 보험료가 지급된다.

생명보험은 고객 자신을 위해서는 평생 보험료 불입이라는 부담으로만 작용할 뿐이다. 그러나 고객 자신이 운명을 했을 때 그가 남긴 누렇게 빛 바랜 증권이 힘을 발휘하기 시작한다. 그 증권은 어느덧 든든한 남편이 되고 다정한 아빠가 되어 매달 생활비를 생전의 급여 이체 통장으로 송금해 준다. 뿐만 아니라 어렵사리 주택대출을 통해 마련한 집의 대출금을 갚아 준다. 무엇보다도 고인 생전에 꿈과 희망이었던 아이들의 교육비를 대신해서 지급한다. 남편과 아빠는 보험증권이라는 이름으로 부활한 셈이다.

그러니 남편과 아빠는 멀리 떠났지만 떠난 것이 아니다. 단지 몸만 먼 나라로 갔을 뿐이다. 가족을 위해 남편이 남긴 생활비로 사는 아내로서는 한 푼인들 소홀히 쓸 수가 없다. 돌아가신 아빠가 하늘나라에서 보내주는 교육비로 공부하는 아이들에게는 새삼 열심히 공부하라고 채근할 필요도 없다. 남편과 아빠는 지금 곁에 없으나 그가 지켜준 집은 세상 어디보다 소중한 보금자리임에 틀림없다. 생명보험의 마술은 바로 부활의 역사인 것이다.

에이전트가 판매하는 것은 무엇일까? 고객이 구매하는 것은 무엇일까? 보험업계의 매뉴얼에 의하면 '에이전트는 생명보험을 파는 세일즈맨'이라고 정의한다. 에이전트는 생명보험을 파는 사람이다. 고객은 구체적이고 손에 잡히는 물건을 구매하는 것이 아니다. 보이지 않고 불확실한 그 무엇에 투자를 하는 것이다. 그것은 무엇일까. 보험금일까? 증권일까?

아니다. 그것은 다름 아닌 바로 '가치 Value'이다. 에이전트는 가치를 팔고 고객은 그 가치를 구매하는 것이다. 가장의 소중함에 대한 가치, 아이들의 꿈과 미래가 지닌 가치, 예기치 않게 불어 닥친 불행이 지닌 파국적 충격에 대한 대안이다.

그렇다. 언제 맞닥뜨리게 될지 모르는 미래의 불행에 대한 든든한 대비책이라는 가치를 사고파는 것이다. 에이전트는 가치를 팔아야 한다. 마치 자동차나 가전제품을 파는 세일즈맨처럼 가격을 흥정하고 사양을 조정하는 세일즈맨과는 구별되어야 한다. 단순히 보험상품을 팔지 말고 가치를 팔아야 한다. 보험료를 흥정하지 말고 가치를 전달하고 따져야 하는 것이다.

한 회사의 보상 시스템 안에는 그 회사의 모든 것이 들어 있다고 해도 과언이 아니다. 때문에 나는 새롭게 에이전트를 지망하는 후배나 사회 초년병들에게 자신이 일할 회사의 보상체계를 가장 먼저 파악하라고 강조한다.

세일즈 프로세스에서 세일즈맨과 회사와 고객이라는 세 가지 주체의 바람직한 관계는 무엇일까. 그것은 '파트너십'이라는 말로 요약할 수 있다.

파트너십은 '고객-세일즈맨-회사'가 각자의 역할을 명확하게 이해하고 이를 구체적으로 실천함으로써 서로에게 최대의 만족을 안겨 주는 관계가 될 때 형성된다. 특히 현대사회가 점점 다양화되고 복잡해지면서 이러한 파트너십이 더욱 요구되고 있으며 사회와 경제활동의 성패를 좌우하는 중요한 요소가 되었다. 파트너십의 핵심이 보상체계에서 드러난다는 것은 결코 과장이 아니다.

에이전트로서 나를 탄탄하게 만들어준 푸르덴셜뿐만 아니라 프로세일즈맨으로서의 입지를 새롭게 다지게 해준 메트라이프를 비롯하여 여타의 보험회사도 파트너십을 강조하고 있으며 그 취지 또한 근본적으로는 비슷하다.

메트라이프나 푸르덴셜의 보수체계는 한마디로 'C = C'라는 개념으로 대표된다. 즉, 고객과 회사에 대한 공헌 Contribution에 비례하여 보수 Compensation가 결정된다.

미국의 프로야구선수를 예로 들어보자. 한 투수가 연봉 500만 달러에 구단과 계약을 했다고 치자. 500만 달러라는 것은 보수를 의미하는 'C'이다. C를 받으려면 기여가 있어야 한다. 그 투수는 피칭으로 기여를 한 것이다. 관중들은 그의 피칭을 보며 스트레스를 풀고 환호를 한다. 구단은 그 사람의 승수에 따라 가치가 올라간다. 또 광고 섭외 등 부차적인 수입으로 연결이 되게 마련이다.

보험 분야의 보수는 고객의 만족에 따라 결정된다. 에이전트가 고객들을 얼마나 만족시키느냐에 따라서 그 사람의 보수가 결정이 되는 것이다. 고객을 만족시키려면 프로 에이전트로서 많은 준비가 필요할 수밖에 없는 시스템이다.

이러한 개념을 우리나라 기업이나 조직체에 대비해 보면 이 시스템의 장점이 확연히 드러난다. 우리나라 기업의 보상 시스템이 많이 달라지고는 있지만 아직도 직급 또는 호봉체계가 많이 남아있다. 직급이 올라가면 그에 따라 월급이 올라가고 근속년수가 차면 그에 따라 호봉이 올라간다. 그러니 이러한 체계 아래에서는 일정 수준 이상의 경쟁력을 기대하는 것이 무리다.

영업 분야의 장점은 보상의 공정성과 무한성이다. 기존의 보상 시스템과는 확연히 다르다. 애매한 기준으로 보상을 받는 것이 아니라 자신이 기여한 만큼 정확하고 공정하게 보상받으며 보수는 자신의 능력에 따라 무한대로 증가한다. 이러한 시스템의 위력은 경쟁력과 신뢰성을 제고함으로써 세일즈맨들의 헌신과 노력을 요구한다. 자신의 능력에 따라 보상을 받으니 최선을 다할 수밖에 없다. 또한 능력에 대하여 정확한 평가를 내려주니 회사에 대한 신뢰감이 생길 수밖에 없다. 곧 '윈윈 Win-Win'이 자연스럽게 실현되는 것이었다.

프로세일즈맨은 아낌없이 주는 나무가 될 수만은 없지만 아낌없이 받기만 하는 나무가 되어서도 곤란하다. 시장의 논리상 일방적인 관계는 결코 없다는 얘기다. 보수에 관하여 나는 개인적으로 '3배수의 원칙'을 가지고 있다. 내가 받는 보수의 세 배를 회사에 기여하는 것이 합리적이라는 논리다.

하지만 여기서 더욱 강조되어야 하고 간과해서는 안 되는 부분이 있다. 나의 기여도는 회사의 성장에 대한 것뿐만이 아니라 고객에게 제공하는 정보와 서비스의 수준을 포함한다. 왜냐하면 나의 연소득은 회사에서 주는 것이 아니라 고객의 지갑에서 나오기 때문이다. 만일 내가 올해 3억 원의 수입을 받는다면, 나는 회사에 9억 원 이상을 벌어주었어야 하고, 내 고객들에게 9억 원 이상의 가치를 제공했어야 하는 것이다.

고객과 나와 회사의 진정한 파트너십은 가치 창출을 바탕으로 'Win-Win-Win' 관계가 되어야만 실현된다.

Champion Dictionary

C = C

Contribution = Compensation. 메트라이프와 푸르덴셜을 포함하여 많은 생명보험 업계 회사들이 채택하고 있는 보상 시스템의 핵심 개념. 보상의 무한성과 공정성을 보장하는 시스템. 기존의 보상 시스템과 확연한 차이는 두루뭉술하게 보상받는 것이 아니라 자신이 기여한 만큼만 정확하고도 공정하게 보상받으며 보수는 본인의 능력 여부에 따라 무한대로 증가한다는 점이다. 또한 기여에는 회사가 성장하는 것뿐만 아니라 고객에게 제공한 정보와 서비스의 수준이 포함되어 있다는 점이다.

가치 Value

상거래에 있어서 가장 중요한 개념. 고객들은 자신이 낸 보험료보다 더 큰 가치를 사고 싶어 한다. 죽어서 몇억 원의 돈이 아니라 생명보험에 담겨진 가족사랑의 가치를 더 갖고 싶어하는 것이다. 이 귀중한 가치를 자신 있게, 임팩트 있게 요약하여 전달할 자신감과 기술 그리고 태도를 갖고 있다면 그는 보험사업에서 반드시 성공할 것이다.

고객관리

국내 굴지의 손해보험회사의 요청에 의해서 진행된 세일즈 관련 강연에서 누군가 질문했다. "강사님은 고객 사후관리를 어떻게 하세요?" "사후 보험금을 지급하는 데 주력할 따름입니다." 고객은 자녀들처럼 관리의 대상이 아니다. 생일이나 결혼기념일에 축전을 보내면서 고객을 관리한다고 자족하고 있다면 일 년이 지난 후에도 계속 축전만 보내게 될 것이다. 신규계약은 좀처럼 이루어지지 않고.

윈윈 Win-Win

후려치지 않고 또한 무리한 요구를 하지 않고 적정한 선에서 서로 가치가 발생하도록 계약이

나 협상을 이끌어가는 과정. 윈윈 형태를 이루는 데 있어 가장 큰 적은 이기심이다. 본인의 이득만큼 상대방의 이해에도 관심을 기울여야 한다. 에이전트 자신의 이익보다 가망고객의 이익에 더 관심을 가지고 있음을 고객이 알게 되면 회사와 에이전트 그리고 프로그램에 대해 만족하게 된다. 만족한 상태가 되면 고객은 지갑을 연다. 또한 만족도가 커지면 커질수록 큰 목소리로 주변 사람들에게 자신이 구매한 제품에 대해 소문을 내기 시작한다.

생명보험

죽음에 대해 얘기하는 것이 아니라 남겨진 가족의 삶을 걱정하는 마음으로 미리 준비하는 프로그램. 확률이라는 공동 출발선상에 있는 도박, 경마와의 궁극적인 차이는 남을 위해 준비하는 이타심에서 출발한다는 점. 공동체적 연대감과 가족사랑, 인간사랑이 뒷받침된 인류가 만들어 낸 몇 안되는 훌륭한 창조물 중 하나.

에필로그

내가 꿈꾸는 미래

인간의 사후事後관리

예전에는 외부 강의 요청이 많았었다. 지점 경영에 주력하다보니 그 빈도가 적어졌다. 전에 국내 굴지의 손해보험회사에서 세일즈 관련 강연을 하던 중 누군가 말했다.

"강사님은 고객 관리를 어떻게 하세요?"

"저는 사후死後에 보험금을 지급하는 데 주력합니다."

말 그대로 보험금은 사후에 지급된다. 고객들이 매달 보험료를 내는 것은 죽음 이후에 보험금을 받기 위해서다.

죽음은 누구도 피할 수 없는 삶의 마지막 관문이다. 그것은 아직 일어나지 않았지만, 미래의 어느 순간에 반드시 일어날 일이다. 그 때가 언제일까. 어느 누구도 그것에 대한 예지와 혜안을 갖고 있지 않다. 그래서 모든 사람들의 꿈은 적당한 시기에 자신이 원하는 것들을 이루어 놓은 다음 죽음을 맞고 싶은 것인지도 모른다. 만일 우리가 활기차게 살며, 뜨겁게 사랑하고, 적극적으로 배우고, 타인들을 위해 봉사했다면 언제 어디서 죽음을 맞더라도 행복할 수 있을 것이다.

그런데 그 행복을 경제적 가치로 환산한다면 생명의 경제적 가치는 얼마일까. 보험은 생명을 경제적 가치로 환원하여 생명의 리스크를 보장하는 것이다. 그것이 가능하다면 삶은 든든해진다. 안심할 수 있다. 보험은 내게 불미스런 일이 생기더라도 나와 남겨진 가족들이 붙들 수 있도록 하늘로부터 던져지는 굵은 동아줄 같은 것이다.

생명보험 세일즈는 보장을 파는 것이다. 다시 말하면 생명보험은 내 생명의 보장이라는 가치가 전달되고 이전되는 과정이다.

사람 중에는 주변에서 나쁜 일을 경험한 다음에 보장에 대한 니즈를 느끼는 사람들이 있는 반면 보장의 가치를 경험해 보지 않고도 믿는 사람들이 있다. 내 고객들은 거의 다 후자 쪽의 사람들이었다. 그래서 나는 나의 고객들을 합리적인 사람들이라고 생각한다. 왜냐하면 최소한 나의 고객들은 자신의 생명에 대한 경제적 가치를 진지하게 따져볼 줄 아는 지혜를 가진 사람들이기 때문이다.

이때의 경제적 가치는 돈의 많고 적음을 이야기하는 양적 개념이 아니다. 모든 고객들은 자신이 낸 보험료보다 더 큰 가치를 사고 싶어 한다. 즉, 죽어서 몇 억 원의 돈을 받고 싶은 것이 아니라 '보장'을 얻기 원한다. 생명보험에 담긴 '가족사랑'의 가치를 더 갖고 싶어 한다. 생명보험의 가치는 계약에 따라서 보험금을 지급했을 때 완성된다. 노아가 방주를 만들고 있을 때 비가 오고 있지 않았다는 것을 명심할 필요가 있다.

1998년 MDRT협회에 참가했을 때의 일이다. 늦은 저녁 엘리베이터 안에서 나는 한 노신사를 만났다. 이런저런 얘기 중에 그가 자신의 고객 3백 명에게 보험금을 지급했다는 말을 했다. 인간의 사후 관리를 300명이나 했다는 얘기였고 그가 지급한 보험금은 고인과 고인의 가족에게 위로가 됐을 것은 자명했다. 순간, 그가 위대하고 숭고해 보이기 시작했다. 그는 무형의 가치를 믿고 그를 믿었던 그의 고객들에게 사랑의 가치를 실현시켜 준 것이다. 그와 헤어져 내 방으로 돌아왔을 때 벅찬 가슴에서 한마디가 울려 나왔다.

'에이전트는 사랑의 전도사다!'

바로 고객에게 생명보험이라는 가족사랑의 가치를 전달해 주는 사람들이 에이전트다. 나는 내가 생명보험 사업을 하고 있는 에이전트라는 사실이 몹시 자랑스럽게 느껴지기 시작했다.

프로들이 인정받는 사회를 꿈꾸며

〈더 팬 The Fan〉이라는 영화를 본 적이 있다. 나이프 Knife 세일즈맨 역할을 맡은 로버트 드니로와 야구 선수로 분한 웨슬리 스나입스가 주연으로 나오는 영화였다. 개봉한 지 오래된 영화였지만 나이프 세일즈맨 중에 어떤 이가 작년에 백만 달러를 벌어 들였다는 대목이

나온다. 현재 1인당 국민소득으로 보면 우리나라가 2만 달러에 육박하고 미국이 4만 달러를 웃도는 것으로 미루어 볼 때 세일즈 업종을 단순히 가치가 떨어지는 활동이 아니라 전문적인 영역으로 인식하고 있다는 반증이 아닐 수 없다.

에이전트 시절 내가 가장 흔하게 듣고 크게 실망한 말이 열심히, 성실하게 하다 보면 성과가 나온다는 말이었다. 누구나 할 수 있는 말이다. 그런데 세일즈의 세계는 열심히 혹은 성실히만 한다고 성과가 나오는 것은 결코 아니다. 타석에 자주 들어간다고 해서 안타가 자주 나오는 것이 아닌 것과 같다. 집중할 수 있는 프로세스와 방법론이 필요한 것이다. 전에는 영업을 단순하게 대했지만 지금은 사회가 발전한 만큼 영업도 전문성이 요구되고 있다.

나는 개인적으로 영업을 종합예술이라고 생각한다. 세일즈맨은 사실 모든 것을 다 가지고 있어야 한다. 체력, 창의력, 화술, 인간관계, 매너, 생김새, 자료 만드는 능력도 필요하고 심지어 구취가 나도 곤란하다. 모든 면에서 주도면밀하게 자기관리가 선행되어야 한다.

세일즈 분야는 상당히 동물적인 분야다. 계약이 되느냐, 아니냐에 따라 일비일희하게 된다. 또 보험금융 분야는 돈을 다루는 분야이기에 즉각적이고 동물적이라는 게 내 생각이다. 더불어 세일즈를 오랜 동안 진행한 사람을 볼 때면 득도의 경지에 오른 도인의 모습을 발견하기도 한다.

다른 분야의 프로들도 마찬가지겠지만 혼자 모든 것을 해결하는 경우는 없다. 진정한 프로세일즈맨들은 내가 가지고 있지 않은, 내가 부족한 것을 누가 가지고 있느냐를 잘 아는 사람이다. 내가 가지고 있지 않는 재능을 우리 지점의 누가 가지고 있는가를 아는 것이 프로가 되는 길이라는 것을 깨달았다.

우리는 세일즈맨으로서의 스타를 꿈꾼다. 하늘에 떠 있는 수많은 별들도 스스로 빛을 발하는 것은 없다. 서로 상대방의 빛을 반사하는 것이 별이다. 혼자서 모든 걸 다 잘하는 경우는 보지 못했다. 내가 가지고 있는 강점을 인식하고 나의 약점을 누가 보완할 수 있느냐를 아는 것이 비즈니스의 노하우가 아닐까.

그 동안의 성과는 금융유통 분야에서 경험을 쌓아서 생긴 결과인 셈인데 이 분야의 수준을 세계적으로 끌어올리는 것이 나의 목표다. 고객들에게 제대로 된 서비스를 할 수 있는 프로 에이전트들을 육성해서 능력으로 평가 받는 시대를 맞는 것이 내가 꿈꾸는 세상이다. 보험은 나눔의 미학이고, 나눔은 인간의 미학이라고 믿는 까닭이다.

프로페셔널 세일즈의 세계로 여러분을 초대한다.